PALISSOT

ET LES PHILOSOPHES

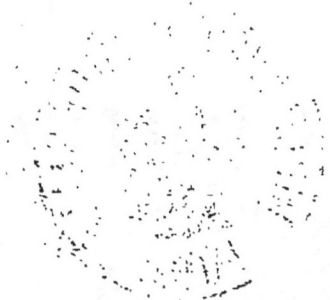

Nancy, imprimerie de v^e Raybois, rue du faub. Stanislas, 3.

PALISSOT

ET

LES PHILOSOPHES

PAR

E. MEAUME

MEMBRE DE L'ACADÉMIE DE STANISLAS
CHEVALIER DE LA LÉGION D'HONNEUR

NANCY

Vᶜ RAYBOIS, IMPRIMEUR DE L'ACADÉMIE DE STANISLAS

Rue du faubourg Stanislas, 3

1864

PALISSOT

ET LES PHILOSOPHES

I

But de ce travail. — Importance rétrospective du sujet. — Ce qu'était Palissot : — sa prodigieuse précocité ; ses succès littéraires ; — ses protecteurs ; — ses premières tendances. — Il fait représenter à Nancy sa comédie des Originaux dans laquelle il attaque J.-J. Rousseau. — Tempête soulevée à cette occasion dans l'Académie de Stanislas. — Par qui elle fut provoquée. — Lettres de Rousseau ; lettres inédites de Dalembert, de Tressan, de Stanislas, du Directeur de l'Académie de Nancy. — Beau rôle de J.-J. Rousseau.

Autant ont été vifs les débats entre les écrivains de l'Encyclopédie et leurs adversaires, autant ils sont, aujourd'hui, ensevelis dans le plus profond oubli. Nous ne cherchons pas à réveiller cette querelle ; notre seul but est d'en éclaircir un point resté assez obscur, et d'indiquer les causes de la tempête qu'elle souleva dans le sein même de l'Académie fondée par le Roi Stanislas.

Bientôt après la discussion s'étendit : elle devint générale et prit, en changeant de théâtre, des proportions inattendues. Les passions excitées s'agitèrent en tous sens, et bientôt l'œuvre d'un membre de l'Académie de Stanislas souleva, à Paris même, de véritables orages qui bouleversèrent le monde littéraire. Une comédie de Palissot de Montenoy, qu'on ne lit plus de nos jours, absorba pendant plusieurs mois l'attention de la capitale de la France. Les chefs du parti encyclopédique, qui prétendaient diriger l'opinion, se virent exposés au fouet de la satire théâtrale et leur fureur fut au comble. Leurs nombreux adeptes criaient à la persécution en jetant feu et flammes, tandis que le parti contraire, soutenu par le pouvoir, applaudissait à outrance. Les deux camps se renvoyèrent les diatribes les plus sanglantes. On écrivit force pamphlets, en prose et en vers, et la *Comédie des Philosophes* devint l'objet unique de toutes les conversations vers le milieu de l'année 1760. Cet état des esprits est très-exactement représenté par le passage suivant de la correspondance de Grimm :

« Vous voulez sans doute, écrit-il à la date du 1ᵉʳ juin 1760, que je vous parle de la fameuse comédie des *Philosophes* qui a tant occupé le public depuis six semaines. Rien ne peint mieux le caractère de cette nation que ce qui vient de se passer sous nos yeux. On sait que nous avons quelques mauvaises affaires en Europe ; quel serait l'étonnement d'un étranger qui, arrivant à Paris dans ces circonstances, n'y entendrait parler que de Ramponneau, Pompignan et Palissot ? Voilà cependant où nous en sommes, et si la nouvelle d'une bataille gagnée était arrivée le jour de la première représentation des *Philosophes*, c'était une bataille perdue pour la gloire de M. de Broglie, car personne n'en aurait parlé (1). »

Rien de plus vrai que ce tableau ; mais pour comprendre comment les choses en étaient arrivées à ce point, et comment cette comédie eut un tel retentissement en France et à l'étranger, il est nécessaire de se reporter à quelques années en arrière.

Vers 1750, Palissot de Montenoy cherchait la voie qui devait le conduire à la renommée littéraire. La passion de la célébrité le dévorait. Ses plus jeunes années, marquées par des succès extraordinaires, avaient attiré sur lui l'attention du Roi Stanislas. Sa précocité merveilleuse faisait pressentir l'avenir le plus

---

(1) Voltaire, qui ne connaissait pas ce passage de la correspondance littéraire de Grimm, se rencontre avec lui lorsqu'il écrit à M. de Thibouville.: « Jean-Jacques voulant qu'on mange du gland, » Palissot monté sur Jean-Jacques allant à quatre pattes [fausse allusion au personnage de Crispin de la comédie des *Philosophes* où Voltaire a toujours affecté de reconnaître Rousseau], tout cela » empêche qu'on ne soit trop occupé du désastre de nos armées, » de nos flottes et de nos finances (Lettre du 20 mai 1760). »

brillant. A neuf ans, il composait un poëme épique en vers latins (1); à douze ans, il avait terminé son cours de philosophie; il était maître-ès-arts et, à treize ans, il soutenait une thèse de théologie. Son père, qui destinait à l'état écclésiastique ce jeune prodige, le fit entrer à l'Oratoire. Mais, ni le calme de la vie religieuse, ni les méditations de cette savante congrégation ne pouvaient convenir à cet esprit déjà turbulent et disposé à la lutte. A dix-huit ans il était marié, et, une année après, il avait fait deux tragédies : l'une ne fut pas représentée; l'autre intitulée d'abord *Zarès*, puis ensuite *Ninus* tomba à la troisième représentation.

La précocité de Palissot, ses demi-succès avaient décidé Stanislas à le comprendre sur la liste des membres de son Académie, quoiqu'il eût à peine vingt ans (2). Il y figurait au nombre des correspondants; car, depuis son mariage, il était fixé à Paris. Bien accueilli par le comte de Choiseul, son compatriote, et dont son père avait géré les affaires, il reçut de lui des conseils et des encouragements. Ce grand seigneur, qui devait être bientôt un grand ministre, le lança dans le monde et lui fit faire la connaissance de la fille du

---

(1) Dom Calmet, dans sa Bibliothèque lorraine, cite un poëme latin, intitulé : *Samson*, que Palissot composa à l'âge de neuf ans.

(2) Palissot est né à Nancy le 3 janvier 1730, et la fondation de l'Académie de Stanislas est de 1750.

Maréchal de Luxembourg, mariée au prince de Robecq (1), et de la comtesse de la Marck. Il dédia à
cette dernière une comédie en vers, intitulée *les Tu-
teurs,* qui fut représentée avec un certain succès.
Ceci se passait en 1754.

Ces détails nous sont, en partie, fournis par Palissot
lui-même. Il ne dit pas, quoique cela paraisse fort
vraisemblable, qu'il avait cherché à nouer des relations
avec les philosophes qu'il combattit plus tard à outrance. Il est probable que les tendances de son esprit
le portaient de ce côté. Peut-être en fut-il détourné par
ses nobles protectrices : Mesdames de Robecq et de la
Marck, qui étaient ennemies déclarées des encyclopédistes. Quant à Choiseul, il louvoyait entre les deux
partis. Ce qu'il y a de certain, c'est que Palissot était,
dès cette époque, un admirateur passionné de Voltaire,
et tout porte à croire qu'il eût été ravi de s'enrôler
dans la phalange dirigée, depuis les bords du lac de
Genève, par le chef des philosophes. Mais il paraît que
les disciples de Paris ne trouvaient pas le jeune échappé
de l'Oratoire assez mûr ni assez docile pour l'admettre
dans leurs rangs. Il en fut vivement froissé ; son mé-

---

(1) Anne-Maurice de Montmorency, fille du maréchal de Luxembourg et de Marie-Sophie Colbert-Seignelay ; mariée, en 1745, à
Anne-Louis-Alexandre de Montmorency, prince de Robecq ; morte
le 4 juillet 1760.

contentement le disposa à se jeter dans le parti contraire, et à devenir l'un des adversaires déclarés des encyclopédistes.

Toutefois Palissot n'avait encore pris aucune part à la lutte, lorsqu'il fut nommé, par le crédit de Choiseul, à la recette générale d'Avignon. En allant prendre possession de sa charge, en 1755, il se présenta *aux Délices*, muni d'une lettre de Choiseul pour le *Roi Voltaire* qui accueillit avec grâce le protégé du comte de Choiseul, ainsi que son compagnon de voyage M. Patu. L'arrivée des deux jeunes gens avait été annoncée au *Patriarche* par son ami d'Argental (lettre de Voltaire du 29 octobre 1755). Ils furent, pendant plusieurs jours, les hôtes du souverain littéraire ; ils lui racontèrent quelques-unes de ces histoires secrètes de Paris, et même de Berlin, dont il était si friand (lettre de Voltaire à l'abbé de Prades, fin oct. 1755); en retour, le Crésus littéraire leur ouvrit les trésors de son esprit. Cette visite avait plu à Voltaire. Il remercia le comte de Choiseul de lui avoir envoyé Palissot (lettre du 29 oct.). Il rendit compte à son ami Thieriot de la visite des deux pèlerins (lettre du 8 nov. 1755). Enfin il fit parvenir à Palissot lui-même les témoignages les plus sympathiques à l'occasion d'une maladie qu'il venait d'éprouver (lettre du 1er déc. 1755). Ces souvenirs étaient loin d'être effacés, lorsqu'il écrivait à Palissot plus de cinq ans après :

« J'avais été touché de la visite que vous m'aviez faite *aux Délices* ; j'avais conçu beaucoup d'amitié pour vous et pour M. Patu avec qui vous avez fait le voyage, et mes sentiments, partagés entre vous et lui, se réunissaient sur vous après sa mort. Vos lettres m'avaient beaucoup plu ; je m'intéressais à vos succès, à votre fortune ; votre commerce m'était fort agréable.... (1). »

On voit que Palissot avait gagné les bonnes grâces du chef suprême, au moment même où il était sur le point d'engager avec ses disciples une lutte dont Nancy fut le premier théâtre.

Avant le départ de Palissot pour Avignon, l'Hôtel de Ville de Nancy lui avait demandé, pour l'ouverture de sa nouvelle salle de spectacle, une petite pièce qui devait servir de prélude aux fêtes ordonnées par Stanislas pour l'inauguration de la statue de Louis XV. Cette pièce avait pour titre *Le Cercle* ou *les Originaux*. Elle fut jouée devant le Roi de Pologne le 26 nov. 1755. L'auteur y mettait en scène des originaux de plus d'une sorte : on y voyait figurer des poëtes, un financier, un médecin, des beaux esprits, une femme auteur avec son entourage, et enfin un *philosophe*. Les premiers personnages étaient de pure

(1) Voyez aussi la lettre de Voltaire à Palissot, du 15 août 1757, par laquelle il le remercie de lui avoir transmis son suffrage et celui de la princesse de Robecq sur une de ses tragédies, sans doute *Iphigénie en Tauride*.

fantaisie ; mais celui du philosophe représentait un écrivain vivant et déjà célèbre : c'était J.-J. Rousseau. La huitième scène le désigne de manière qu'on ne puisse s'y méprendre. Elle signale ses contradictions, ses ridicules, son esprit paradoxal, son amour de la célébrité et de la singularité. Une phrase à double entente semble signifier que Rousseau prétendait à la considération publique, mais qu'il l'avait perdue. On lui fait dire de lui-même : « l'estime se perd par l'habitude » ; et son interlocuteur lui prouve qu'il n'a aucun droit à la considération.

Cette bluette de circonstance ne devait pas avoir plus d'une représentation. Celle qui eut lieu sur le théâtre de Nancy ne paraît pas avoir excité la moindre indignation contre l'auteur. En tout cas, le roi Stanislas, devant qui elle fut jouée, ne s'en émut nullement. Le comte de Tressan était aussi au nombre des spectateurs, et, à ce moment, la comédie ne lui paraissait pas blâmable. On le voit, en effet, quelques jours après la représentation, envoyer à Voltaire, encore ami de Rousseau, un discours de circonstance prononcé par lui, le même jour, dans la cérémonie d'inauguration de la statue de Louis XV (lettre de Voltaire du 18 déc. 1755); et, à l'occasion de cet envoi, il ne parle nullement du scandale occasionné par la pièce de Palissot, scandale qu'il découvrit, plus tard, sur un ordre venu de Paris. Voltaire, lui-même, qui avait reçu de Palissot un exemplaire de la comédie jouée à Nancy, ne se préoccupa pas de cette attaque contre un philosophe avec lequel il était encore en bonnes relations. Il rappelle ce souvenir dans une lettre adressée à Duclos, le 20 juin 1760, où il dit que « *le Cercle* ne ressemblait point à la pièce (*les Philosophes*) que Palissot a donnée depuis à Paris. »

Rousseau savait tout, mais il ne réclama pas. Ce fut Dalembert qui, à l'insu du philosophe de Genève, fit beaucoup de bruit à propos de cette pièce de Nancy à laquelle on ne pensait plus, et qui se donna un mouvement incroyable pour en faire châtier l'auteur. Il communiqua son ardeur au comte de Tressan, favori de la Reine de France et de Stanislas. Tressan était le confrère de Dalembert à l'Académie des sciences; il était aussi membre titulaire de l'Académie de Stanislas. Palissot était membre correspondant de cette dernière société. Dalembert poussa Tressan à solliciter du Roi Stanislas une réparation éclatante de l'injure adressée aux philosophes ; réparation consistant dans l'exclusion de Palissot de la Société royale, et prononcée par le Roi de Pologne lui-même.

L'influence de Dalembert grandissait chaque jour à Paris, surtout à l'Académie française où il était très-puissant. Tressan, déjà membre de l'Académie des sciences, désirait ardemment obtenir à celle des lettres le fauteuil qu'il n'eut que beaucoup plus tard. A cette époque, certains grands seigneurs briguaient une place au Sénat littéraire avec plus d'ardeur qu'ils ne convoitaient un titre de duc et pair. Tressan était du nombre ; aussi saisit-il avec empressement l'occasion de servir les ressentiments du parti philosophique dont le principal champion à Paris prenait pour son compte, et pour celui de ses amis, l'outrage fait à J.-J. Rousseau seul. Tressan manœuvra avec la plus grande habileté auprès de ses confrères de la Société royale de Nancy ; il leur persuada que l'honneur du corps était compromis par l'indignité d'un de ses membres qui avait osé mettre un philosophe sur la scène et l'exposer à la risée publique. C'était déjà aller bien loin ; mais ce qu'il y a de singulier, c'est qu'on parvint à faire partager cette opinion à Stanislas qui n'hésita pas à prononcer l'exclusion de Palissot. En tout ceci, on ne sait de quoi l'on doit le plus s'étonner : ou de la facilité avec laquelle la plainte fut portée, ou de la docilité avec laquelle Stanislas prononça l'arrêt dicté par la secte philosophique dont il redoutait la vengeance. La plainte une fois faite, au nom de la Société royale, Palissot était condamné d'avance. On ne l'admit pas même à se défendre. La procédure fut aussi sommaire qu'expéditive. le Directeur de la Société royale, qui était alors M. de Bressey (1), adressa à Stanislas

----

(1) Les registres de l'Académie de Stanislas constatent que le

une première demande d'exclusion. Elle comprenait non-seulement Palissot, mais aussi Fréron, également membre correspondant et protégé par la Reine. Cette première demande s'égara; mais elle fut renouvelée, à quelques jours d'intervalle, par le Directeur de la Société royale qui, dans sa seconde dénonciation, a la naïveté d'avouer qu'il n'agit pas de son propre mouvement, mais bien *d'après des réclamations pressantes de Paris.*

Voici quelques passages de cette plainte; elle n'est pas datée, mais elle ne peut être que de décembre 1755 :

SIRE,

« Plusieurs lettres que j'ai reçues de Paris me déterminent à renouveler à V. M. les mêmes plaintes que je lui ai déjà portées contre la comédie qu'on a osé jouer en sa présence. Ceux qui sont aujourd'hui à la tête des lettres, de l'aveu de tous les gens qui pensent, regardent comme un attentat d'avoir essayé de tourner en ridicule un citoyen généralement estimé et de l'avoir traduit sur la scène !!... »

— Suit l'éloge de Rousseau et celui de Stanislas auquel on rappelle qu'il a réfuté, avec une exquise politesse, le Discours sur l'inégalité des conditions.

---

comte de Bressey a été élu directeur, le 16 janvier 1755, en remplacement du comte de Custine.

L'auteur de la plainte continue en ces termes :

« Très-certainement, Sire, la pièce de M. Palissot n'eût point passé à la police de Paris, et si, par hasard, elle eût échappé à son exactitude, l'auteur et les comédiens eussent été sévèrement punis.

« M. Palissot a manqué essentiellement aux statuts de la Société Royale de Lorraine ; il est donc de votre honneur de soutenir des statuts si sages et prononcés par la bouche de Votre Majesté. — Je la supplie, en conséquence, de me permettre de dénoncer l'ouvrage de M. Palissot à la Société Royale de Lorraine et de lui demander un jugement aussi public que l'a été l'infraction à nos lois que cet auteur vient de commettre .... J'attends avec soumission et respect la décision de Votre Majesté ; mais je lui avoue que ce ne sera qu'avec l'affliction la plus vive que je verrai désormais, sur la même liste, mon nom et celui d'un particulier qu'il me serait odieux d'avoir pour mon confrère. La comédie est imprimée ; le temps de punir est arrivé, quelques rares que puissent être ces moments dans la belle et glorieuse vie de Votre Majesté. »

Palissot qui n'était pas en Lorraine, lorsque cette plainte fut écrite, l'attribue à Tressan. Il l'a même publiée, comme étant de ce dernier, à la page 70 de ses Mémoires. Il est certain que si Tressan ne fut pas l'auteur de cette lettre, il en fut l'instigateur. Elle est du Directeur de l'Académie de Stanislas. Nous en avons la preuve par une copie de la lettre du Roi de Pologne, en réponse à la plainte et dans laquelle le destinataire est qualifié « Mon cher Directeur » (1). Cette copie, que nous avons sous les yeux, est entièrement de la main de Rousseau, ainsi que celle de la plainte que nous avons en partie transcrite. Voici la lettre de Stanislas ; elle est inédite :

« M. de Tressan vient de me rendre votre lettre ; malgré la peine que j'ai d'écrire, je vous dirai, *mon cher Directeur*, que je ne sais commment vous croyez m'avoir parlé de l'affaire en question, car je vous jure que je n'en ai pas entendu un mot, preuve infaillible que j'y aurais mis ordre sans attendre les représentations de M. Dalembert à qui je vous prie de dire, sur ce qui le formalise par rapport à Fréron, que je n'ai jamais refusé ma protection à ceux desquels j'entends dire du bien et aucun mal ; mais cela ne regarde pas l'affaire de M. Rousseau. Vous me ferez plaisir de lui faire savoir directement que ce n'est qu'aujourd'hui que

---

(1) Tout en attribuant faussement la plainte à Tressan, Palissot n'ignorait pas qu'elle avait été faite sur une provocation venue de Paris. On lit dans sa correspondance : « M. le comte de Tressan, *et quelques philosophes que vous connaissez*, se rendirent mes délateurs auprès du Roi de Pologne et me représentèrent charitablement à ce prince comme un homme à punir. On lui demandait que, pour le moins, je fusse exclus, par un jugement public, d'une Académie à laquelle il m'avait fait l'honneur de m'appeler. » (Lettre à Voltaire, fév. ou mars 1767, *OEuvres de Palissot*, éd. de 1809, t. 5, p. 347). — Voyez encore la page 238 du tome 1er des *OEuvres de Palissot* où il dit : « L'écrit injuste et violent adressé au Roi de Pologne était de M. de Tressan, » etc.

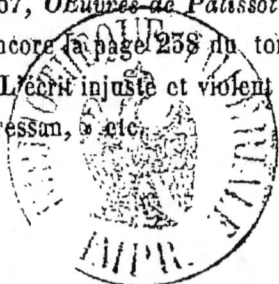

j'apprends par vous l'insolence de l'auteur de la comédie de Nancy qui, assurément, ne mérite pas d'être membre de votre Académie ; voilà ma décision.

Votre affectionné,

STANISLAS, *Roy*.

Palissot fut informé de la plainte avant de connaître la décision du Roi. Cette plainte dont on lui envoya copie à Avignon, et qu'il croyait être de Tressan, donna lieu à deux réfutations de la part de l'Académicien attaqué : l'une très-vive qu'il adressa au lieutenant général de police de Nancy. C'est la seule qu'il ait conservée dans la dernière édition de ses œuvres (tome Ier, p. 239). L'autre, plus mesurée, plus sage de forme et plus respectueuse, était destinée au Roi de Pologne. On ne la trouve qu'au tome II, p. 270, de l'édition in-18 des œuvres de Palissot.

Stanislas dut être fort embarrassé. D'un côté Palissot soutenait avec raison qu'on ne pouvait le condamner pour un ouvrage dramatique qui, après avoir subi l'épreuve de la censure, avait été représenté devant le Roi de Pologne lui-même et que ce monarque n'avait désapprouvé ni à l'audition, ni à la lecture. Il se prévalait, en outre, du droit du théâtre, en invoquant l'exemple d'Aristophane et de Molière. Enfin, la querelle de Palissot avec les philosophes se rattachait à celle de Dalembert et de Fréron, le premier soutenu par le Roi de Pologne, le second par la Reine sa fille.

— D'autre part, Stanislas était engagé par la décision
que lui avait imposée le parti encyclopédique. D'ailleurs il voulait ménager Rousseau ; il l'avait bien mon-
tré en excusant, en approuvant même, les hardiesses
de celui-ci à son égard. Enfin il voulait passer pour
bon philosophe et éviter de froisser ceux qui en déli-
vraient le diplôme. Rousseau, au nom duquel tout ce
bruit s'était fait, sans qu'il s'en fût aucunement mêlé,
vint au secours du monarque polonais et le tira de ce
pas difficile.

Le beau rôle, dans toute cette affaire, appartient
incontestablement à J.-J. Rousseau. Il est certain que
Dalembert, en voulant le venger, se mêlait de ce qui
ne le regardait pas, et que Rousseau n'avait jamais
provoqué Tressan à agir ou à faire agir l'Académie
contre Palissot. Tressan crut néanmoins devoir commu-
niquer à Rousseau la décision de Stanislas que nous
avons transcrite, et il accompagna cette communication
d'une lettre extrêmement flatteuse. Nous avons entre
les mains la minute de la réponse de J.-J. Rousseau au
revers de laquelle il a pris soin de copier toutes les
lettres relatives à cette affaire qui lui avaient été com-
muniquées. Voici le commencement de la lettre de
Rousseau à Tressan :

« Je vous honorais, Monsieur, comme nous faisons tous ;
il m'est doux de joindre la reconnaissance à l'estime, et je
remercierais volontiers M. Palissot de m'avoir procuré, sans

y songer, des témoignages de vos bontés qui me permettent de vous en donner de mon respect. Si cet auteur a manqué à celui qu'il devait et que doit toute la terre au prince qu'il voulait amuser, qui, plus que moi, doit le trouver inexcusable ? Mais si tout son crime est d'avoir exposé mes ridicules, c'est le droit du théâtre ; je ne vois rien en cela de répréhensible pour l'honnête homme, et j'y vois pour l'auteur le mérite d'avoir su choisir un sujet très-riche. Je vous prie donc, Monsieur, de ne pas écouter là dessus le zèle que l'amitié et la générosité inspirent à M. Dalembert, et de ne point chagriner, pour cette bagatelle, un homme de mérite, qui ne m'a fait aucune peine et qui porterait avec douleur la disgrâce du Roi de Pologne et la vôtre.... Paris, le 27 décembre 1755.

Le même jour, ou le lendemain, Rousseau écrivait à Dalembert :

« Je suis sensible, mon cher Monsieur, à l'intérêt que vous prenez à moi ; mais je ne puis approuver le zèle qui vous fait poursuivre ce pauvre M. Palissot, et j'aurais grand regret aux moments que tout cela vous a fait perdre, sans le témoignage d'amitié qui en résulte en ma faveur. Laissez donc là cette affaire, je vous en prie de rechef ; je vous en suis aussi obligé que si elle était terminée ; et je vous assure que l'expulsion de Palissot, pour l'amour de moi, me ferait plus de peine que de plaisir. A l'égard de Fréron, je n'ai rien à dire, de mon chef, parce que la cause est commune ; mais ce qu'il y a de bien certain, c'est que votre mépris l'eût plus mortifié que nos poursuites, et que, quel que soit le succès, elles lui feront toujours plus d'honneur que de mal.

» J'ai écrit à M. de Tressan pour le remercier et le prier d'en rester là. Je vous montrerai ma réponse avec sa lettre à notre première entrevue. Je ne puis douter que je ne vous doive tous les témoignages d'estime dont elle est remplie. Tout compté, tout rabattu, il se trouve que je gagne à tous égards dans cette affaire. Pourquoi rendrons-nous du mal à ce pauvre homme pour le bien réel qu'il m'a fait ? Je vous remercie et vous embrasse de tout mon cœur. »

Au nombre des copies de la main de J.-J. Rousseau, se trouve celle de la lettre que Tressan écrivit au Directeur de la Société royale de Nancy, pour lui faire connaître la réponse de Rousseau que nous venons de transcrire. La lettre de Tressan est inédite, nous en donnons le texte :

« Vous recevrez probablement cette lettre, Monsieur et cher confrère, en même temps que celle que j'eus l'honneur de vous écrire hier. J'ai envoyé votre lettre à M. Rousseau, et je vois, par sa réponse, que je ne lui ai nullement dictée, qu'il s'est conduit comme j'aurais fait à sa place et que je me suis conduit, de mon côté, comme il l'aurait fait, s'il eût été à la mienne. En qualité de son ami, j'ai dû vous exciter à demander justice pour lui ; en qualité de philosophe, il désire qu'on pardonne à celui qui l'a insulté et je suis tout à fait de son avis, pensant que ce procédé corrigerait l'auteur plus efficacement que tout le mal qu'on pourrait lui faire. Qu'il emploie ses talents, s'il en a, à quelque chose de meilleur et de plus honorable que de mauvaises satires. Ceux qui se sont si indûment déchaînés contre M. Rousseau apprendront du moins par là que sa façon de penser n'est pas moins estimable que ses talents, que nóus n'avons fait que ce que nous devions dans cette affaire, et que nous nous réunissons, comme de raison, avec l'offensé, au parti de la douceur et de la modération... C. de TRESSAN. »

Malgré tous les efforts de J.-J. Rousseau pour assoupir cette affaire, elle n'était pas terminée. Après les lettres qu'on vient de lire, il n'était plus possible de rayer Palissot de la liste des membres de la Société royale; mais on insistait auprès de Stanislas pour faire inscrire, sur le procès-verbal de son Académie, un compte rendu tout à la gloire de Rousseau et à la confusion de Palissot. Il paraît certain que Stanislàs en avait donné, ou était disposé à en donner l'ordre. Rousseau l'apprend et il se hâte d'écrire à Tressan la lettre qu'on va lire. Elle est inspirée par une âme grande et généreuse :

« Quelque danger, Monsieur, qu'il y ait de me rendre importun ; je ne puis m'empêcher de joindre, aux remercîments que je vous dois, des remarques sur l'enregistrement de l'affaire de M. Palissot; et je prendrai d'abord la liberté de vous dire que mon admiration même pour les vertus du Roi de Pologne ne me permet d'accepter le témoignage de bonté dont Sa Majesté m'honore en cette occasion, qu'à la condition que tout soit oublié. J'ose dire qu'il ne lui convient pas d'accorder des grâces incomplètes, et qu'il n'y a qu'un pardon sans réserve qui soit digne de sa grande âme. D'ailleurs, est-ce faire grâce que d'éterniser la punition? et les registres d'une Académie ne doivent-ils pas plutôt pallier que relever les petites fautes de ses membres? Enfin, quelque peu d'estime que je fasse de nos contemporains, à Dieu ne plaise que nous les avilissions à ce point, d'inscrire, comme un acte de vertu, ce qui n'est qu'un procédé des plus simples que tout homme de lettres n'eût pas manqué d'avoir à ma place.

« Achevez donc, Monsieur, la bonne œuvre que vous avez si bien commencée, afin de la rendre digne de vous. Qu'il ne soit plus question d'une bagatelle qui a déjà fait plus de bruit, et donné plus de chagrin à M. Palissot que l'affaire ne le méritait. Qu'aurions-nous fait pour lui, si le pardon lui coûte aussi cher que la peine ?

» Permettez-moi de ne point répondre aux extrêmes louanges dont vous m'honorez; ce sont des leçons sévères dont je ferai mon profit : car je n'ignore pas, et cette lettre en fait foi, qu'on loue avec sobriété ceux qu'on estime parfaitement. Mais, Monsieur, il faut renvoyer les éclaircissements à nos entrevues ; j'attends avec empressement le plaisir que vous me promettez, et vous verrez que, d'une manière ou d'autre, vous ne me louerez plus, lorsque nous nous connaîtrons. Je suis, etc.

Paris, 7 janv. 1756.

En présence d'une pareille sollicitation, l'Académie de Stanislas ne pouvait, sans faire injure à Rousseau, décider le contraire de ce qu'il demandait. C'est ce qui explique comment les registres de la Société royale ne contiennent rien sur toute cette affaire, et ne font aucune mention ni des deux décisions de Stanislas, ni des lettres de Rousseau. Celui-ci prit la plume une dernière fois, le 23 janvier 1756, pour remercier Tressan lorsqu'il apprit que l'affaire était terminée comme il l'avait demandé :

« J'apprends, Monsieur, avec une vive satisfaction que vous avez entièrement terminé l'affaire de M. Palissot, et je vous remercie de tout mon cœur. Je ne vous dirai rien du petit déplaisir qu'elle a pu vous occasionner ; car ceux de cette espèce ne sont guère sensibles à l'homme sage, et d'ailleurs vous savez mieux que moi que, dans les chagrins que peuvent faire une bonne action, le prix en efface toujours la peine. Après avoir heureusement achevé celle-ci, il ne nous reste plus rien à désirer, à vous et à moi, que de n'en plus entendre parler. »

Tout cela ne faisait pas l'affaire de Dalembert, beaucoup plus chatouilleux que J.-J. Rousseau sur le point d'honneur philosophique. Tressan n'avait pas manqué de faire part à son confrère de l'Académie des Sciences de la lettre du Roi de Pologne, ci-dessus transcrite, et par laquelle Stanislas prononçait l'expulsion de Palissot de son Académie. Cette communication avait lieu avant l'arrivée des lettres de Rousseau. Dalembert répond en ces termes (1) :

« On ne peut être plus sensible que je ne le suis, Mon-

---

(1) Cette lettre, *inédite*, est au nombre de celles dont nous avons sous les yeux la copie de la main de J.-J. Rousseau.

sieur le comte et illustre confrère (1), aux mouvements que vous avez bien voulu vous donner pour demander justice de l'insulte grossière et scandaleuse faite à M. Rousseau en présence du Roi de Pologne. La lettre que vous avez reçue, à cette occasion, de Sa Majesté est digne de son amour pour la décence et pour la vérité, de l'élévation de son âme et de l'étendue de ses lumières. Le Roi de Pologne a honoré les lettres en les cultivant, il a honoré particulièrement M. Rousseau en combattant ses opinions, et c'est manquer au respect qu'on doit à Sa Majesté que d'outrager un écrivain vertueux contre lequel elle a écrit elle-même avec tant de politesse et d'estime. La réparation que le Roi fera faire, en cette occasion, à M. Rousseau sera un beau trait de plus dans une vie aussi glorieuse que la sienne, et aussi remplie de belles et grandes actions. Permettez-moi, au reste, Monsieur le comte et illustre confrère, de vous faire observer que Sa Majesté n'est pas informée exactement, quand elle croit que l'insulte faite à M. Rousseau n'a rien de commun avec les feuilles de Fréron. Elle ignore sans doute l'indignité et la brutalité avec laquelle Fréron, protecteur et protégé de Palissot, s'est déchaîné en toute occasion contre M. Rousseau. Il est vrai que des satires grossières, sans modération et sans esprit, sont faites pour tomber d'elles-mêmes ; mais quand un auteur, assez vil pour prostituer ainsi sa plume, se pare de la protection d'un grand Roi, ceux qui sont assez lâches pour l'imiter ne font pas réflexion qu'un prince si sage ignore l'abus qu'on fait de son nom, et ils osent s'oublier jusqu'à insulter, en sa présence, les hommes de lettres qu'il estime

---

(1) Il faut se rappeler que Tressan était, ainsi que Dalembert, membre de l'Académie des Sciences de Paris.

le plus. Je suis cependant bien éloigné, Monsieur le comte et illustre confrère, de vouloir priver Fréron des bontés que Sa Majesté a pour lui, etc. »

Lorsqu'on compare cette lettre pleine de fiel aux nobles sentiments exprimés dans celles de J.-J. Rousseau, seul intéressé dans le débat, on juge de la différence entre ces deux caractères. On pressent aussi que la liaison qui unit en ce moment ces deux hommes ne sera pas de longue durée. Dalembert représente un parti qui aspire à diriger souverainement le courant des idées dont il veut assurer le triomphe. Il ne néglige aucune occasion de faire du bruit, de montrer sa puissance et d'asseoir sa domination. En tout et sur tous il est absolu, tyrannique; il ne supporte ni le dissentiment ni l'indépendance. Il ne reconnaît qu'un chef : c'est Voltaire; encore essaye-t-il de le diriger, de le dominer, tout en lui laissant une certaine suprématie nominale. — Rousseau, au contraire, est l'homme du devoir qui cherche avant tout la satisfaction de sa conscience. Autant il fuit l'éclat des réparations publiques, autant il attache de prix à pouvoir se dire à lui-même qu'il est content de ce qu'il a fait. Peut-être aussi la pureté de ce sentiment n'était-elle pas sans alliage? Peut-être, sans s'en rendre bien compte, Rousseau obéissait-il à la vanité; et son orgueil était-il flatté d'un outrage qui faisait de lui un Socrate moderne poursuivi par un nouvel Aristophane. Quoi qu'il en soit, il est certain qu'il prit et conserva, avec soin, copie de tout ce qui avait trait à cette affaire. Non-seulement il transcrivit les lettres qui ne lui avaient pas été adressées, mais il garda les minutes de celles qu'il écrivit. Pensait-il dès lors à employer ces matériaux pour le célèbre récit de sa vie écrit longtemps après? Nous ne savons : mais il est certain que, au moyen de ces précautions, ses souvenirs sont restés parfaitement exacts en tout ce qui lui est personnel. Les pages pleines de sentiment qu'il a consacrées, dans ses *Confessions*, à cet épisode de sa vie peignent tout l'homme. Que n'a-t-il toujours été ainsi! Elles se rapportent trop intimement à notre sujet pour ne pas les reproduire :

» Avant de quitter Paris, j'eus, durant l'hiver qui précéda ma retraite, un plaisir bien selon mon cœur et que je goûtai dans toute sa pureté. Palissot, académicien de Nancy, connu par quelques drames, venait d'en donner un à Lunéville, devant le Roi de Pologne (1). Il crut apparemment faire sa cour en jouant, dans ce drame, un homme qui avait osé se mesurer avec le Roi, la plume à la main. Stanislas, qui était généreux et qui n'aimait pas la satire, fut indigné qu'on

(1) Rousseau se trompe en disant que ce qu'il appelle le drame de Palissot a été représenté à Lunéville. La représentation eut lieu à Nancy, devant Stanislas venu de Lunéville pour assister à l'inauguration de la statue de Louis XV.

osât ainsi personnaliser en sa présence (1). M. le comte de Tressan écrivit, par l'ordre de ce prince, à Dalembert et à moi, pour m'informer que l'intention de Sa Majesté était que le sieur Palissot fût chassé de son Académie. Ma réponse fut une vive prière à M. de Tressan d'intercéder auprès du Roi de Pologne, pour obtenir la grâce du sieur Palissot. La grâce fut accordée; et M. de Tressan, en me le marquant au vœu du Roi, ajouta que ce fait serait inscrit sur es registres de l'Académie. Je répliquai que c'était moins accorder une grâce que perpétuer un châtiment. Enfin j'obtins, à force d'instances, qu'il ne serait fait mention de rien dans les registres et qu'il ne resterait aucune trace publique de cette affaire. Tout cela fut accompagné, tant de la part du Roi que de celle de M. de Tressan, de témoignages d'estime et de considération dont je fus extrêmement flatté; et je sentis en cette occasion que l'estime des hommes qui en sont si dignes eux-mêmes, produit dans l'âme un sentiment bien plus doux et plus noble que celui de la vanité. J'ai transcrit dans mon recueil les lettres de M. de Tressan avec mes réponses, et l'on en trouvera les originaux dans la liasse A, nos 9, 10 et 11.

» Je sens bien que si jamais ces mémoires parviennent à voir le jour, je perpétue ici moi-même le souvenir d'un fait dont je voulais effacer la trace ; mais j'en transmets bien d'autres malgré moi. Le grand objet de mon entreprise, toujours présent à mes yeux, l'indispensable devoir de la rem-

---

(1) Les choses ne se sont pas tout à fait passées ainsi. On a vu plus haut que Stanislas n'a pas agi de son propre mouvement, et que la plainte du directeur de l'Académie a été provoquée par des avis venus de Paris.

plir dans toute son étendue, ne m'en laisseront point détourner par de plus faibles considérations qui m'écarteraient de mon but. Dans l'étrange, dans l'unique situation où je me trouve, je me dois trop à la vérité pour devoir rien de plus à autrui. Pour me bien connaître, il faut me connaître dans tous mes rapports, bons et mauvais. Mes confessions sont nécessairement liées avec celles de beaucoup de gens : Je fais les unes et les autres avec la même franchise !!.....

II

Origine des chagrins de Palissot. — Il cherche à se venger des encyclopédistes. — Ses *Petites Lettres sur les grands philosophes* — Sa comédie des *Philosophes* protégée en haut lieu. — Retentissement des premières représentations. — Déluge de pamphlets. — Principaux personnages mêlés à cette querelle : Voltaire, J.-J. Rousseau, Dalembert, Diderot, Duclos, Helvétius. — Conduite équivoque de Voltaire et du duc de Choiseul. — Jugement sur cette comédie. — Part importante prise par Voltaire dans ce débat. — Sa correspondance avec Palissot, Dalembert et autres. — Sa duplicité. — Blame les attaques du parti encyclopédique contre la Princesse de Robecq. — La *Vision*, brochure de l'abbé Morellet. — Appréciation de cette brochure par Voltaire et par Dalembert. — Emprisonnement de l'auteur. — Sa délivrance par l'intermédiaire de J.-J. Rousseau.

Si Palissot n'eût jamais rencontré d'autre adversaire que J.-J. Rousseau, le repos de sa vie n'eût pas été troublé pendant longtemps par les suites de cette querelle. Mais il déclare avec raison qu'il s'en suivit une lutte à outrance, lutte qui eut, « sur la plupart des ouvrages qu'il a donnés depuis, une influence remarquable (1). » Ce fut, en effet, à partir de ce moment

(1) Avis des éditeurs de 1809 (t. 1er p. 188) en tête de la réimpression de la comédie du *Cercle*. — Ces éditeurs ne sont autres que Palissot lui-même.

qu'il résolut de tirer une vengeance éclatante des encyclopédistes. On va le voir commencer contre ce parti
une guerre de plume qui continua même après la mort
de ses principaux contradicteurs.

Dès l'année 1756, Palissot engagea le combat par la
publication des *Petites lettres sur les grands philosophes*. Ces lettres, adressées à Madame de la Marck sa
protectrice, sont au nombre de deux. Dans la première,
Palissot attaque vivement, sans les nommer, les encyclopédistes en général et, particulièrement : Dalembert, Diderot et Duclos. Malgré sa généreuse conduite
dans l'affaire de la comédie de Nancy, Rousseau, lui-
même, n'y est pas épargné. — La seconde lettre est
spécialement dirigée contre Diderot dont l'auteur critique vivement la pièce, alors nouvelle, intitulée : *Le
fils naturel*, et distribue, à l'occasion, l'éloge à Voltaire
et le blâme à d'autres encyclopédistes. Le reste de la
lettre, d'ailleurs fort longue, est une critique amère de
la pièce nouvelle dont la forme n'est pas plus épargnée
que le fond, et dont l'auteur est signalé comme pla-
giaire de Goldoni et de bien d'autres.

Cette publication eut un médiocre succès ; elle ne fit
qu'irriter, sans les atteindre gravement, les ennemis de
Palissot qui chercha une arme plus acérée. Il la trouva
dans la satire théâtrale, et il lança sa comédie des *Philosophes* qui eut l'éclat et le retentissement que le
passage déjà cité de la correspondance littéraire de
Grimm retrace avec fidélité.

Depuis l'affaire de Nancy, Palissot connaissait ses véritables ennemis. Il ne pouvait en vouloir sérieusement à Rousseau dont il avait pu apprécier la générosité. C'était Dalembert qu'il voulait atteindre. Mais comme ce dernier ne donnait pas facilement prise sur lui, la fureur de Palissot tomba sur d'autres et principalement sur Diderot. Il est vraisemblable que le projet de mettre sur la scène tout le parti encyclopédique fut conçu dès 1756, et que la fameuse comédie des *Philosophes*, entièrement différente de celle qui avait été représentée à Nancy, fut, dans ce but, longuement méditée et préparée avec soin. Dans ce nouveau pamphlet théâtral, Palissot ne met en scène que Diderot et les philosophes en général. Dalembert ne voulut point s'y reconnaître; mais il n'en fut pas de même de Diderot, de Duclos, d'Helvétius et du baron d'Holbach. Ce n'était pas peu de chose que de s'attaquer, en plein théâtre français, à ces puissances du jour dont l'influence allait sans cesse en grandissant. Aussi les comédiens du Roi refusèrent-ils net de jouer la pièce. Mesdames de Robecq et de la Marck obtinrent pour l'auteur la protection du Dauphin, père de Louis XVI. Tressan, quoique non encore réconcilié avec Palissot, le servit dans cette circonstance ainsi que le témoigne une lettre de Voltaire à Tressan du 23 septembre 1760 (1). Le

(1) La conduite de Tressan dans toute cette affaire est extrême-

comte de Choiseul, devenu duc et ministre, continuait sa bienveillance à Palissot; il donna l'ordre de jouer la comédie qui fut représentée au théâtre français le 2 mai 1760 (1). Quoiqu'elle fût loin d'être un chef-d'œuvre, elle eût un succès prodigieux (2). Voltaire,

---

ment équivoque. Si Voltaire ne se trompe pas, et nous croyons qu'il fut bien informé, lorsqu'il dit que M. de Tressan protégea Palissot dans l'affaire de la comédie des *Philosophes*, il est difficile de croire que l'article *Parade* inséré dans l'Encyclopédie, et attribué à Tressan, soit réellement de lui. Cet article, publié peu de temps après la représentation des *Philosophes*, critique vivement cette comédie ainsi que celle du *Cercle* jouée à Nancy. — Palissot prétend, non sans une grande vraisemblance, que Tressan n'en est pas l'auteur (Voy. Œuvres de Palissot, éd. de 1809, t. 5, p. 378 et suiv.). — Ce qui paraît le plus clair, c'est que Tressan joua avec Dalembert et Palissot un double rôle, tant qu'il ne fut pas de l'Académie française. Ainsi il ne craignait pas de désavouer, en écrivant à Dalembert, la lettre flatteuse écrite par lui à l'auteur des Philosophes, en 1765 (voy. Œuvres de Palissot, *loc. cit.* p. 381 *da notam*). Il allait même jusqu'à offrir à Dalembert de se reconnaître publiquement pour l'auteur de l'article Parade, alors que, à cette époque ou peu de temps après, il faisait à Palissot les protestations d'amitié les plus tendres (voy. les lettres de Tressan, *loc cit.* p. 443 et suiv.).

(1) Après l'avoir lue à madame de Pompadour, il avait donné l'ordre à Crebillon, le censeur, de n'en rien retrancher (Œuvres de Palissot, t. 5, p. 181).

(2) Outre le passage de Grimm rapporté au commencement de ce travail, on lit ce qui suit dans les *Mémoires pour servir à l'histoire des révolutions de la république des lettres*, tome IV, p. 151 : « Tout a paru surprenant dans cette comédie; l'idée de la pièce, l'exécution, le style nerveux et correct, le ton satirique, le succès prodigieux, le nombre des représentations, l'affluence des specta-

lui-même, s'en émut au fond de sa retraite, et nous allons le voir jouer, à cette occasion, le double rôle qui lui est familier.

Palissot avait envoyé sa pièce au *Patriarche* qui se serait bien passé de cette attention (1). Voltaire avait

---

teurs. Il semblait que ceux que l'auteur avait en vue fussent des hommes frappés d'anathème, et qu'on leur fît faire amende honorable aux yeux de la nation et de toute l'Europe. »

On lit dans les Mémoires de l'avocat Barbier, t. VII, p. 256. « La comédie des *Philosophes*, de M. Palissot, a eu quinze représentations, ce qui aura valu de l'argent à l'auteur qui en avait besoin : il a vendu sa pièce à Duchesne, imprimeur, 2000 livres. Elle se vend trente sols et le libraire gagnera encore beaucoup. »

La pièce fut, en quelque sorte, annoncée à Saint-Paul, dans un sermon de M. l'abbé de la Tour-du-Pin. Il dit, en parlant des sophistes du siècle, qu'ils venaient enfin d'être livrés au ridicule qu'ils méritaient, même sur les théâtres de la nation. — « Jamais comédie n'avait obtenu de tels honneurs. Elle fournit quelques passages à des réquisitoires, à des mandements. Elle produisit d'ailleurs une multitude à peine croyable de *gravures*, de libelles, de critiques et d'apologies » (Palissot, Mélanges, éd. de 1809, t. 3, p. 276). — Une des gravures auxquelles Palissot fait allusion le représente, à genoux, devant les écrits de ses adversaires et faisant amende honorable avec cette inscription : PALIS-SOT.

(1) Cet envoi est constaté dans les termes suivants par une lettre de Voltaire à Helvétius : « M. Palissot m'a envoyé sa pièce, reliée en maroquin, et m'a comblé d'éloges injustes qui ne sont bons qu'à semer la zizanie entre les frères...

« C'est une chose fort triste que le succès de la pièce des *Philosophes*. Cette prétendue comédie est, en général, bien écrite, c'est son seul mérite ; mais ce mérite est grand dans le temps où nous sommes. Les oppositions qu'on a voulu faire aux représentations des ménagements à garder avec l'auteur, alors protégé par le ministre qui, du reste, soutenait certains hommes ou les abandonnait suivant le vent du jour (1).

---

n'ont fait qu'irriter la curiosité maligne du public ; il fallait rester tranquille et la pièce n'aurait pas été jouée trois fois ; elle serait tombée dans le néant de l'oubli, qui engloutit tout ce qui n'est que bien écrit et qui manque de ce sel sans lequel rien ne dure ; mais les Philosophes ne savent pas se conduire » (16 juillet 1760).

Voltaire était tenu au courant de tout le bruit que faisait la comédie des *Philosophes,* même avant qu'elle fût représentée et qu'on en connût l'auteur. Voyez sa lettre à Saurin du 5 mai 1760 et la lettre de Dalembert du 6 mai, rendant compte de la première représentation. — Palissot y est nommé, mais Voltaire n'avait pas encore reçu cette lettre, lorsqu'il écrivait, le 9 mai, au libraire Lacombe qu'il ignorait le nom de l'auteur de cette pièce. — Voy. encore la lettre à d'Argental du 11 mai ; celle à Mad. d'Épinai du 19 ; celles au marquis de Thibouville du 20 ; à d'Argental des 25 et 26 ; à Thiériot du 26 ; à Madame de Fontaine du 28. Toutes ces lettres sont antérieures à la lettre à d'Argental du 4 juin où Voltaire dit : « Palissot m'envoie sa pièce et m'écrit. Jugez de sa lettre par ma réponse. »

(1) C'est, du moins, ce que déclare Voltaire auquel le duc de Choiseul aurait écrit, trois mois environ après la représentation des *Philosophes :* « On peut donner des coups de bâton à Palissot, je le trouverai fort bon » (Lettre de Voltaire à Dalembert du 24 juillet 1760). — Il semble étrange que Choiseul ait aussi indignement sacrifié un homme qu'il protégeait ouvertement, et qu'il avait autrefois recommandé à Voltaire. Ce qu'il y a de certain, c'est que Choiseul fit jouer la comédie de Palissot et que, l'année précédente, il empruntait sa plume pour répondre en vers à une Ode du Roi de Prusse dirigée contre Louis XV. L'Ode de Palissot était destinée à être publiée sous le nom de Choiseul, dans le cas où Frédéric II ferait imprimer la sienne. — Voyez les Mémoires de 1759 par

Une réponse était nécessaire, mais il était à craindre que Palissot ne se prévalût de l'approbation du *grand chef* qui se conduisit, en cette circonstance, avec sa prudence et son habileté accoutumées. Il n'adressa pas directement sa réponse à Palissot; il l'envoya, sous cachet volant, à son *cher ange* d'Argental, en lui recommandant d'en prendre copie *ne varietur*, afin que Palissot ne pût l'altérer en la publiant et ne le fît passer pour son complice. Cette réponse est un chef-d'œuvre d'habileté. Tout en complimentant l'auteur, et en le remerciant de son envoi, il le blâme de s'être attaqué aux philosophes :

» Il n'y a pas là de quoi rire ! dit-il.

Et plus loin :

» C'est à vous à faire votre examen de conscience, et à voir si vous êtes juste en représentant MM. Dalembert, Du-

---

Voltaire, éd. Beuchot, t. 40, p. 122 et suivantes. — Cette Ode a été imprimée en entier dans les Œuvres de Palissot, éd. de 1809, t. 6, p. 525 et suivantes. — Voltaire lui-même reconnaît que Choiseul patronait la comédie de Palissot : « M. de Choiseul est-il bien affligé de la maladie de Madame de Robecq?... C'est bien dommage; mais aussi pourquoi protéger Palissot? Hélas! M. de Choiseul protége aussi ce Fréron... » (Lettre à d'Argental 25-26 mai 1760). — Après cela, que Choiseul ait sacrifié, quelques semaines après, Palissot aux encyclopédistes, cela n'a rien d'impossible. Ce qui est hors de doute c'est que, au moment de l'envoi de la comédie de Palissot à Voltaire, celui-ci le croyait encore soutenu par Choiseul. Ce ne fut que plus tard que Choiseul abandonna Palissot.

clos, Diderot, Helvétius, le chevalier de Jaucourt *e tutti
quanti* comme des marauds qui enseignent à voler dans la
poche. »

(*Des délices*, 4 juin 1760).

Ceci fait allusion à l'un des meilleurs traits de la comédie de Palissot sur lequel Voltaire affecte de prendre
le change. Valère, l'un des philosophes, a pour valet
un demi-savant qu'il façonne et instruit à sa manière.
Ce valet, installé en qualité de secrétaire auprès de
Cidalise qui vise au bel esprit, intrigue pour faire
épouser à son maître, non pas la fille de cette dame,
mais les dix mille écus de rente qui constituent sa dot.
Au milieu de cette intrigue, Valère ne peut s'empêcher
de débiter à son valet une leçon de communisme et,
comme l'élève est docile, son maître, à la fin de la ti-
rade, le surprend à voler dans sa poche.

Ici Palissot n'était pas tombé dans la faute qu'il avait
commise à Nancy, où sa comédie mettait en scène un
personnage vivant. A propos du rôle de Valère, il pouvait, à juste titre, revendiquer le droit du théâtre.
Valère et son valet ne représentent pas des hommes
connus ; ils résument et personnifient, en les exagérant,
les plus détestables doctrines philosophiques poussées
à leurs extrêmes conséquences : c'est du comique de
bon aloi. Malheureusement le reste n'est pas de cette
force ; l'auteur cesse d'être original sans cesser d'être
un versificateur facile et de beaucoup d'esprit ; mais

5

l'imitation du *Méchant* et des *Femmes savantes* est par trop visible. La partie véritablement neuve et ingénieuse de la pièce est surtout dans le rôle de Valère : son caractère méprisable ne se rapporte à aucune individualité ; ses actions, ses doctrines ne sont celles d'aucun des amis de Voltaire, et c'est en cela que ce rôle est le meilleur de la comédie. L'auteur représente un esprit vicieux, perverti par les idées philosophiques, qui les applique à sa façon et professe, de son chef, ce qui ne l'a jamais été. La moralité est : voilà comment on peut interpréter vos livres. Cela fait rire et, quoi qu'en dise Voltaire, la raillerie n'est pas trop forte, parce que, encore une fois, personne ne pouvait s'attribuer l'enseignement du vol.

Voltaire aurait pu blâmer avec plus de justesse et de raison, tant au point de vue du goût qu'à celui du droit théâtral, la scène où Diderot, clairement désigné sous le nom de Dortitius, renouvelle avec un de ses interlocuteurs la célèbre dispute entre Vadius et Trissotin. Mais il s'en garde bien. Il avait pour cela de trop bonnes raisons; car ses principes sur le droit du théâtre étaient ceux de Palissot, et il a poussé encore plus loin que ce dernier le cynisme scénique. Loin de blâmer l'auteur des *Philosophes*, Voltaire le félicite hautement d'avoir représenté J.-J. Rousseau marchant à quatre pattes (1) pour

(1) Voltaire, déjà en querelle avec J.-J. Rousseau, affecte cons-

mettre en pratique ses doctrines sur la vie sauvage. Ici la jalousie l'aveugle; il est évident que si Crispin tourne en ridicule les idées de J.-J. Rousseau, il ne re-

---

tamment de le reconnaître dans le personnage de Crispin : « Maître Beaumont prétend que si J.-J. Rousseau, citoyen de Genève, s'est fait voir marchant à quatre pattes sur les théâtre des Fossés-Saint-Germain, Genest de Ramponneau, citoyen de la Courtille, ne doit point rougir de se montrer sur ses deux pieds » (Plaidoyer de Ramponneau; OEuvres de Voltaire, éd. Beuchot, t. 40, p. 157). Voyez aussi la lettre à Bertrand où Voltaire lui dit : « On a joué J.-J. Rousseau à Paris où on l'a fait marcher à quatre pattes (20 mai 1760). Il faut remarquer que ce mensonge est à côté de celui par lequel Voltaire ose écrire que l'*Écossaise* n'est pas de lui.

On lit enfin les vers suivants dans le *Russe à Paris* publié au mois de mai 1760, quelques semaines après la première représentation des *Philosophes* :

Au lieu du *Misanthrope* on voit Jacques Rousseau,
Qui, marchant sur ses mains et mangeant sa laitue,
Donne un plaisir bien noble au public qui le hue.

Ces vers sont de Voltaire, aussi bien que la note suivante qui en donne l'explication : « La même année 1760, on joua sur le théâtre de la comédie française la comédie des *Philosophes*, avec un concours de monde prodigieux. On voyait sur le théâtre J.-J. Rousseau marchant à quatre pattes et mangeant une laitue. Cette facétie n'était ni dans le goût de Tartufe ni dans celui du Misanthrope; mais elle était bien aussi théâtrale que celle de Pourceaugnac qui est poursuivi par des lavements. — Le reste de la pièce ne parut pas assez gai : mais on ne pouvait pas dire que ce fût là de la comédie larmoyante. On reprocha à l'auteur d'avoir attaqué de très-honnêtes gens dont il n'avait pas à se plaindre (OEuvres de Voltaire, éd. Beuchot, tome 14, p. 191).

présente pas sa personne. D'ailleurs Crispin n'est nullement convaincu, comme Valère paraît l'être. S'il prend une posture qui l'assimile à la brute, c'est pour capter la bienveillance de Cidalise, esprit-fort femelle, nouvellement pervertie par les idées encyclopédiques, et pour laquelle toute saturnale philosophique, même la plus ridicule, est un plaisir des dieux. On a prétendu que le personnage de Cidalise n'était autre que Madame du Châtelet; mais on aurait dû réfléchir qu'elle était morte plus de dix ans avant la représentation, et que Palissot n'aurait pas eu l'impudence de diriger ses outrages sur une tombe depuis longtemps fermée (1). On a cru aussi que Cidalise désignait Madame Geoffrin; mais Palissot, lui-même, a protesté contre cette interprétation qui n'était pas dans sa pensée (2).

_____

(1) Déjà, à l'occasion de la comédie jouée à Nancy, on avait prétendu que la femme savante de cette pièce désignait Madame du Châtelet, Palissot s'en défendit avec indignation : « Ce n'est qu'à des yeux destitués de toute raison que le portrait qu'on trouve dans ma comédie a pu paraître ressemblant à cette femme véritablement savante... Je ne suis point capable de troubler la cendre des morts. » (Lettre au lieutenant-général de police à Nancy reproduite au t. 1er des OEuvres de Palissot, éd. de 1809, p. 248). — Madame du Châtelet était morte le 10 sept. 1749.

(2) « J'oubliais de vous dire que tout Paris, sans exception, avait affecté de reconnaître Madame Geoffrin dans le personnage de Cidalise et que tout Paris s'était trompé. Je pourrais le prouver par des vers de la pièce qui n'ont jamais paru, parce qu'ils auraient dé-

Quant au droit de mettre sur la scène un personnage
vivant, de tourner sa personne et son caractère en ridicule, de lui imputer des vices, de le livrer au mépris
public, ce droit n'a jamais existé. Vainement citerait-on,
à l'appui de la thèse contraire, Aristophane et Molière.
Le génie fait tout passer, il embellit ce qu'il touche, il
sait dissimuler l'odieux d'une situation, mais il ne la
justifie pas. A cet égard l'opinion s'est formée et le
sentiment public s'est épuré en s'éclairant. Ce qui était
encore toléré du temps de Molière et de Voltaire ne le
serait plus aujourd'hui. On peut critiquer au théâtre
les doctrines, les ouvrages d'un auteur, mais là se

---

signé trop clairement la personne qui m'a servi de modèle » (Mélanges de Palissot, éd. de 1809, tome 3, p. 278). — Le nom de ce
modèle est resté une énigme. Cependant deux passages et deux notes
du neuvième chant de la *Dunciade* semblent indiquer que l'hésitation
doit se partager entre Mesdames de Graffigny et Riccoboni. Mais
Madame de Graffigny était morte deux années avant la représentation
des Philosophes, et il n'est pas probable que Palissot ait eu la pensée
de mettre sur la scène sa célèbre compatriote. Le personnage de
Cidalise, qui fait publier sous son nom des ouvrages écrits par d'autres, semble désigner Madame Riccoboni. Le rapprochement des dates
fortifie cette présomption. Les *Lettres du marquis de Cressy*, les
Lettres de Catesby avaient paru deux années avant les *Philosophes*,
et l'on accusait leur auteur de n'avoir aucune part à ces productions.
Palissot qui avait contribué à répandre ce soupçon (La *Dunciade*
p. 418, éd. de 1809) revint plus tard de sa prévention et ne négligea
rien pour en détruire les effets (Œuvres de Palissot, éd. de 1809,
t. 4, p. 555). Quant à Madame du Boccage, il ne paraît pas que
Palissot ait voulu la désigner. En tout cas il ne l'a jamais attaquée.

borne le droit de la satire dialoguée; il ne saurait aller plus loin. La personne doit toujours être respectée, comme la vie privée, et nul ne peut l'exposer sur les planches d'un théâtre. Quels que soient les exemples contraires, telle doit être la règle actuelle, bien différente de la licence admise autrefois et qui était établie sur des autorités imposantes. Il semble que Palissot l'ait entrevue, dans la comédie des *Philosophes*, ou, du moins, qu'il ait cherché à pallier ce que le genre a de plus blâmable. Son Valère est le philosophe perverti par l'abus de la pensée et la fausseté du raisonnement; c'est un intrigant qui s'empare de l'esprit d'une vieille folle dont il convoite la fille, ou plutôt sa dot. Valère débite bien certaines maximes qui appartiennent en propre à tels et tels personnages, mais la multiplicité même des individualités qui se résument en lui exclût toute application personnelle. Cela était certainement permis et il en serait encore de même aujourd'hui. De nos jours, par exemple, un personnage qui professerait au théâtre les doctrines de MM. Proudhon, Cabet, Considérant et autres, en les livrant à la risée publique, serait certainement toléré, parce qu'il représenterait un adepte des doctrines, mais non leurs auteurs eux-mêmes, ce qui est bien différent.

Mais quant à mettre en scène un personnage connu, on n'en a pas plus le droit qu'on n'a celui de placer dans la bouche d'un acteur des injures sur le compte de qui que ce soit. La conscience publique se révolte et proteste contre de semblables procédés.

Ce que nous venons de dire du rôle de Valère s'applique également à celui de Carondas de la même comédie. Ce Carondas est un autre valet philosophe ; il a étudié autrefois, et il se trouve transformé en pédant sans perdre les habitudes de valet. Ici encore point d'application possible.

Quant à Crispin, marchant à quatre pattes, c'est aussi un être tout à fait imaginaire qui emprunte et applique comiquement les doctrines du *Discours sur l'inégalité* pour s'insinuer dans l'esprit de Cidalise. Voltaire et ses amis ont voulu reconnaître J.-J. Rousseau dans ce personnage ; mais Palissot a formellement déclaré n'avoir pas voulu le désigner. Il a protesté publiquement contre l'intention qu'on lui a prêtée d'avoir mis une seconde fois sur la scène le philosophe Genevois (1).

---

(1) On lit, à cet égard, dans les œuvres de Palissot : « La comédie des *Philosophes*, comme l'a supposé la calomnie la plus maladroite, n'était pas dirigée contre la philosophie. Les premières lignes de la préface et plusieurs vers de la pièce même le prouvent assez... Diderot était celui que j'avais principalement en vue. Rousseau, de Genève, qu'on m'a tant accusé d'avoir mis en scène, était, au contraire, loué dans la pièce, et le peu de raillerie que je m'étais permis, sur quelques-uns de ses paradoxes, était alors d'autant plus excusable qu'il n'avait encore fait ni Émile, ni la Nouvelle-Héloïse, ni le Contrat social ; en un mot aucun des ouvrages qui lui ont acquis depuis une réputation brillante.... Quoi qu'il en soit, Voltaire, qui ne l'ai-

Si l'auteur des *Philosophes* se fût maintenu dans ces limites, il n'aurait encouru aucun reproche; mais Dortitius, l'un des personnages de sa comédie, désigne très-clairement Diderot qui fait pompeusement l'éloge de ses propres ouvrages. Il est impossible de le méconnaître, et c'est là surtout ce qu'on doit blâmer dans cette comédie, aussi bien qu'on doit réprouver l'intro-

---

mait pas, et Dalembert surtout, à qui sa réputation naissante causait déjà de l'ombrage, se divertirent à lui appliquer le personnage de la pièce qui, sous le nom de Crispin, ne désignait évidemment qu'un valet-secrétaire, que le hasard pouvait avoir placé auprès de Rousseau, et qui, en faisant l'éloge de ce philosophe, se vante en effet de lui avoir servi de copiste. Enfin, quoique, dans la préface de l'ouvrage, je me fusse appuyé de l'autorité de Rousseau lui-même, la malignité de Voltaire prévalut et l'on feignit de croire que, sous le manteau de Crispin, c'était bien réellement le philosophe de Genève que j'avais représenté marchant à quatre pattes, et qu'en m'applaudissant tout Paris était devenu mon complice.

« Quand on supposerait l'accusation aussi vraie qu'elle est absurde et fausse, il eût encore été ridicule de m'en faire un crime, comme j'osai le dire à Chaumette, lorsque, dans un réquisitoire équivalent à un arrêt de mort, le magistrat de ce qu'on nommait alors la commune de Paris m'accusa devant elle *d'anti-civisme*, parce que, trente ans avant qu'il ne fût question en France du mot de *civisme*, je m'étais permis de faire marcher à quattre pattes, en plein théâtre, le philosophe par excellence, l'immortel Rousseau.

« Que Rousseau soit un homme divin, ou même un Dieu (répondis-je à cet énergumène), je suis loin de m'opposer à cette apothéose : mais, je vous le demande, serait-ce une raison pour lui sacrifier des victimes humaines. » (Mémoire sur la littérature, t. 5 des œuvres de Palissot, éd. de 1809, pages 176 et suivantes).

duction de la personne de Rousseau dans celle des *Originaux* qui fut jouée à Nancy, sous le titre du *Cercle*, cinq années auparavant.

Voici, du reste, ce qui valut à Diderot cette attaque personnelle. Ses adversaires répétaient partout qu'il avait pillé dans Goldoni l'intrigue de son *Père de famille*. Pour disculper Diderot, Deleyre traduisit la comédie de Goldoni portant le même titre. Rien de mieux jusque-là; mais on y joignit une préface dont l'auteur attaquait Mesdames de Robecq et de la Marck. C'était un tort grave (1). Cette préface fut attribuée à Diderot

---

(1) Palissot avait écrit à Voltaire, le 28 mai 1760, qu'il donnait le nom de faux philosophe « à celui qui à la tête d'une traduction du *Vero amico* et du *Padre di famiglia* de Goldoni, a osé imprimer deux libelles scandaleux contre deux dames infiniment respectables. » Comme Diderot est auteur du Père de famille, qu'on disait une copie de Goldoni, Voltaire crut à tort que la préface était de Diderot. En réalité celui-ci n'y était pour rien. Les épîtres scandaleuses placées à la tête des traductions des pièces de Goldoni par Deleyre sont de Grimm (Barbier, Dic. des anonymes, nº 14025). La princesse de Robecq et la comtesse de la Marck voulaient faire punir l'auteur de ces dédicaces. Diderot, pour calmer les offensées, se donna pour le coupable. Mesdames de Robecq et de la Marck apprirent bientôt après que Diderot s'était chargé du délit de Grimm, et l'affaire n'eut pas de suite (Barbier, *eod.*).

Cette note de Barbier ne dit pas tout. Il paraît, si l'on en croit Palissot qui semble bien instruit, qu'un des outrages les plus sanglants contre Mesdames de Robecq et de la Marck consistait dans l'épigraphe latine placée en tête des traductions de Goldoni. Palissot passait, à tort ou à raison, pour avoir obtenu les faveurs de ces deux

qui s'en reconnut l'auteur, bien que, en réalité, elle ne
fût pas de lui, mais de Grimm. — Ce fut plus tard qu'on
apprit ce détail. — Même avant la représentation des
Philosophes, on tenait pour avéré que Diderot était
l'auteur de la préface injurieuse placée en tête des comédies de Goldoni traduites par Deleyre. Diderot lui-
même l'avait écrit et signé. Palissot était donc en droit
de le croire, et c'est ce qui explique pourquoi il a plus
particulièrement désigné celui qu'il croyait avoir attaqué ses nobles protectrices.

Ce n'était pas, du reste, cette petite licence théâtrale
qui pouvait être critiquée par Voltaire, car il se disposait
à faire jouer son *Écossaise,* satire comique dirigée
contre Fréron, bien autrement sanglante et personnelle
que les *Philosophes.* Aussi reconnaissait-il parfaitement
le droit de Palissot ; mais il s'évertuait à lui prouver,
dans plusieurs lettres, qu'il s'était trompé et il l'engageait à se rétracter. Palissot n'y consentit jamais. Il s'é-
tait trop avancé, et la querelle était envenimée à un tel
point qu'il ne pouvait rien désavouer.

---

dames. C'était à lui que Diderot attribuait le beau privilége d'histoire
naturelle indiqué par l'épigraphe suivante dont le sens ne peut être
compris qu'à l'aide des explications qui précèdent : « *Asinorum et
mulorum istorum ingenium in eo consistit quod sæpe et libenter
fuluant, raro autem libenter desinant.* La malignité cherchait le
sens vrai de cette épigraphe dans le goût de l'Aretin, et Diderot se
chargeait d'en donner l'explication orale. » Voy. OEuvres de Palissot,
éd. de 1809, tome 6, p. 508.

On composerait plusieurs volumes des brochures qui furent publiées à cette occasion. L'une d'elles, intitulée *la Vision* (1), devint plus particulièrement célèbre par les conséquences qu'eut sa publication à l'égard de l'auteur et de son libraire. L'auteur était l'abbé Morellet alors défenseur ardent des encyclopédistes. Cette fois encore leur apologiste s'en prenait du succès des *Philosophes* non-seulement à Palissot, mais à Mesdames de Robecq et de la Marck. La première de ces dames était, dans cette brochure, l'objet d'un trait mordant d'autant plus déplacé qu'elle était déjà atteinte de la maladie dont elle mourut peu de temps après sa publication. Morellet et son libraire Robin furent mis à la Bastille (2).

---

(1) Ce tire est celui sous lequel cette pièce est constamment désignée dans la correspondance de Voltaire. Le vrai titre est : *Préface de la comédie des Philosophes, ou la Vision de Ch. Palissot.* » Paris, 1760, in-12 de 20 pages. — Elle a été réimprimée, mais tronquée, au tome 2 des *Mélanges de littérature de Morellet.* Paris, 1818 in-8°.

(2) Voici en quels termes Dalembert annonce à Voltaire l'arrestation de Morellet qu'il paraît connaître fort peu, « On vient d'arrêter et de mettre à la Bastille un abbé Morellet, ou Morlet ou Mords-les qu'on accuse ou qu'on soupçonne d'avoir fait cette *Vision.* Je ne sais ce qui en est; mais je sais seulement que c'est un homme de beaucoup d'esprit, ci-devant théologien ou théologue de l'Encyclopédie... Tout Paris crie, tout Paris s'intéresse pour lui. Il y a apparence que sa captivité ne sera ni longue ni fâcheuse, et il lui restera la gloire d'avoir vengé la philosophie contre les Palissots mâles et

Cette brochure de la *Vision* et les conséquences qu'elle avait eues inquiétaient Voltaire. Il écrivit à d'Argental :

« Je veux me donner l'air d'être indigné de la pièce des *Grenouilles* (les *Philosophes*) contre les Socrates. Je le suis encore davantage de la réponse intitulée : *Vision*, dans laquelle on insulte Madame de Robecq mourante ; c'est le coup le plus mortel que les philosophes puissent se porter à eux-mêmes » (13 juin 1760).

Dès le 10 juin il écrivit à Dalembert :

« La *Vision* est bien ; mais c'est un grand malheur et une grande imprudence d'avoir mêlé dans cette plaisanterie Madame la princesse de Robecq. J'en suis désespéré ; ce trait a révolté ; il n'est pas permis d'insulter une mourante... »

Dalembert répond avec un froid cynisme :

« Ce n'est pas tout d'être *mourante*, il faut encore n'être pas vipère. Vous ignorez sans doute avec quelle fureur et quel scandale Madame de Robecq a cabalé pour faire jouer la pièce de Palissot. Vous ignorez qu'elle a empêché qu'on jouât votre tragédie (celle de *Médime*) que les comédiens voulaient représenter avant les *Philosophes*, espérant par là gagner de l'argent et du temps, et fuir ou éloigner la honte dont ils se sont couverts ; vous ignorez qu'elle s'est fait porter

femelles, les Palissots de Nancy et ceux de Versailles. » (Lettre de Dalembert à Voltaire du 16 juin 1760). — Voy. aussi les Mémoires de Barbier, t. 7, p. 257.

à la première représentation, toute *mourante* qu'elle était, et qu'elle fut obligée, tant elle était malade ce jour-là, de sortir avant la fin du premier acte. Quand on est atroce est méchante à ce point, on ne mérite, ce me semble, aucune pitié...

» Cette méchante femme d'ailleurs a été ménagée dans la *Vision*. On dit, il est vrai, qu'elle est bien malade, mais cela ne lui fait aucun tort; et si c'est là un crime, j'ai grand peur pour celui qui imprimera ses billets d'enterrement; car, puisqu'il n'est pas permis de dire qu'elle se meurt, il le sera encore moins de dire qu'elle est morte » (16 juin 1760).

Il est impossible d'être plus atrocement cruel. Aussi le bon sens de Voltaire se révolte en entrevoyant les conséquences de l'attaque odieuse dirigée contre une femme mourante. Il répond à Dalembert :

« Je voudrais avoir perdu toutes mes vaches et qu'on n'eût pas mêlé Madame de Robecq dans la Vision; parce que c'est un coup terrible à la bonne cause; parce que tous les amis de cette dame lui cachaient son état; parce que le prophète lui a appris ce qu'elle ignorait, et lui a dit : *morte morieris ;* parce que c'est avancer sa mort; parce qu'elle n'avait d'autre tort que de protéger une pièce dont elle ne sentait pas les conséquences; parce qu'elle n'avait jamais persécuté aucun philosophe; parce que cette cruauté de lui avoir appris qu'elle se meurt est ce qui a ulcéré M. le duc de Choiseul; parce que je le sais, et je le sais parce qu'il me l'a écrit; et je vous le confie et vous n'en direz rien » (23 juin 1760) (1).

_____

(1) Dans une précédente lettre à Dalembert qui s'était croisée

Dans cette même lettre à Dalembert, Voltaire donne l'analyse d'une lettre qu'il vient d'écrire à Palissot et dans laquelle il critique la comédie des *Philosophes* en signalant à l'auteur le mal qu'elle a fait :

« Je voudrais pouvoir vous envoyer une seconde réponse que je viens de faire à une seconde lettre de Palissot, réponse qui passe par M. d'Argental, réponse dans laquelle je lui prouve qu'il a déféré et calomnié le chevalier de Jaucourt, ce qu'il me niait (1); qu'il a confondu La Métrie avec les philosophes ; qu'il a falsifié les passages de l'Encyclopédie,

----

avec celle de ce dernier, Voltaire lui écrivait : « L'insulte faite à l'amie *mourante* du ministre (Choiseul) est le tombeau ouvert pour les frères » (20 juin 1760).

(1) Palissot a toujours continué à nier qu'il ait pensé à attaquer le chevalier de Jaucourt. Il s'exprime très-nettement à cet égard dans ses Mémoires sur la littérature : « Ce qui caractérise principalement les ouvrages du chevalier de Jaucourt, c'est que l'honnête homme n'est jamais éclipsé par l'auteur. Il ne prêche point la vertu avec cette fausse chaleur à laquelle l'imagination a plus de part que le sentiment ; mais il la fait aimer en imprimant à ses moindres écrits le caractère de la sensibilité et de la candeur : aussi n'a-t-il jamais été mêlé dans aucune de ces querelles scandaleuses qui ont déshonoré parmi nous tant de prétendus sages ; il vivait en paix, sans prétention, avec un amour noble et désintéressé pour les sciences ; vrai philosophe au milieu des charlatans qui s'en arrogeaient le titre.

» Le plaisir avec lequel nous rendons justice à ses vertus prouve que, malgré les sujets de plainte que nous ont donnés plusieurs Encyclopédistes dont il était le collaborateur, la passion n'a aucune part à nos jugements » (OEuvres de Palissot, éd. de 1809, tome 4, page 595).

etc (1). Je lui parle paternellement; je lui fais un tableau du bien que l'Encyclopédie faisait à la France; puis vient un Abraham Chaumeix, qui fournit des mémoires absurdes à maître Joly de Fleury, frère de l'intendant de ma province. Joly croit Chaumeix, le parlement croit Joly; on persécute, et c'est dans ces circonstances que vous venez percer, vous Palissot, des gens qu'on a garottés! Vous les calomniez! Votre feuille (2) peut être lue de la reine et des princes qui lisent volontiers une feuille, et qui ne confronteront point sept volumes in-folio, etc. Vous faites donc un très-grand mal. Qu'y a-t-il à faire? Votre pièce a réussi; il faut ajouter à ce succès la gloire de vous rétracter. Il n'en fera rien, et alors j'aurai l'honneur de vous envoyer ma lettre. Je la

----

(1) Ces reproches de Voltaire tombent, non pas sur la comédie des *Philosophes,* mais sur la Préface de cette pièce publiée séparément et dans laquelle Palissot donne (sans citer les sources) des passages de livres, alors récents, où tous les vices, tous les crimes sont excusés. Il a reproduit cette ancienne Préface dans l'édition de ses œuvres de 1809, t. 1er, p. 417 et suiv. en l'accompagnant d'une note finale par laquelle il explique que, parmi les passages cités, il s'en trouvait un ou deux qui, par suite d'une erreur de copiste, n'étaient pas attribués à leurs véritables auteurs. « Ces légères inadvertances, dit-il, étaient corrigées de ma main sur l'exemplaire que j'avais adressé à M. de Voltaire, qui ne le remarqua pas, ou qui feignit de ne pas l'avoir remarqué, pour m'en faire, comme on le verra dans une de ses lettres, un reproche très-grave. » — Voyez ci-après la note de Voltaire dans le *Russe à Paris.*

(2) La *préface* de la comédie des *Philosophes* qui suivit de quelques jours la publication de la comédie. Cette préface est bien effectivement une *feuille,* comme le dit Voltaire. Elle porte le titre suivant : *Lettre de l'auteur de la comédie des* Philosophes *au public, pour servir de préface à la pièce,* in-12 de vingt-trois pages.

crois hardie et sage ; nous verrons si M. d'Argental la trouvera telle (1). »

---

(1) La lettre de Voltaire à Palissot dont il donne l'analyse à
Dalembert est du même jour que celle-ci (23 juin 1760). Elle est
imprimée, à cette date, dans l'édition Beuchot.

Voltaire quoique parfaitement convaincu, comme il le dit dans ces
deux lettres, que Palissot ne se rétracterait pas, eut l'audace de
dire qu'il se repentait d'avoir attaqué les encyclopédistes. Il profita
de la publication de son *Russe à Paris*, satire anonyme, mais que
tout le monde savait être de lui, pour y insérer deux vers sur
Palissot, afin de se donner l'occasion de réfuter, dans une note, la
comédie des *Philosophes* et de justifier les encyclopédistes.

Dans cette satire dialoguée, Voltaire fait dire ironiquement à l'un
de ses interlocuteurs :

> Le Franc de Pompignan, par ses divins écrits,
> Plus que Palissot même occupe les esprits,

Ces deux vers ne sont qu'un prétexte à l'insertion de la note suivante : « Palissot de Montenoi fit jouer par les comédiens français
une comédie intitulée *les Philosophes*, le 2 mai 1760. Il a eu le
malheur, dans cette comédie, d'insulter et d'accuser plusieurs personnes d'un mérite supérieur et il se reprochera sans doute cette
faute toute sa vie. On voit, par la lettre qu'il a donnée au public en
forme de préface, qu'il a été trompé par de faux mémoires qu'on
lui a donnés. Il justifie sa pièce en rapportant plusieurs passages
tirés de l'*Encyclopédie*, et la plupart de ces passages ne se trouvent
pas dans l'*Encyclopédie*. Il cite plusieurs traits de quelques mauvais
livres intitulés *l'Homme plante*, et *la Vie heureuse*, comme si ces
livres étaient composés par quelques-uns de ceux qui ont mis la
main à l'*Encyclopédie* : mais ces livres détestables, contre lesquels
il s'élève avec une juste indignation, sont d'un médecin nommé La
Métrie, natif de Saint-Malo, de l'Académie de Berlin, qui les com-

Peu de temps après, Voltaire apprend la mort de Madame de Robecq, et il se désole du coup que cet

---

posa à Berlin, il y a plus de douze ans, dans des accès d'ivresse. Ce La Métrie n'a jamais été en relation avec aucuns des citoyens qui sont maltraités dans la pièce des *Philosophes*.

» Ceux qu'on insulte dans cette pièce sont : M. Duclos, secrétaire perpétuel de l'Académie française, auteur de plusieurs ouvrages très-estimables ; M. Dalembert, de la même Académie et de celle des sciences, célèbre par sa vaste littérature, par ses connaissances profondes dans les mathématiques et par son génie ; M. Diderot, dont le public fait le même éloge ; M. le chevalier de Jaucourt, homme d'une grande naissance, auteur de cent excellents articles qui enrichissent le Dictionnaire encyclopédique ; M. Helvétius, admirable (ce mot n'est pas trop fort) par une action unique : il a quitté deux cent mille livres de rente pour cultiver les belles lettres en paix, et il fait du bien avec ce qui lui reste. La facilité et la bonté de son caractère lui ont fait hasarder, dans un livre d'ailleurs plein d'esprit, des propositions fausses et très-répréhensibles, dont il s'est repenti le premier à l'exemple du grand Fénelon. L'auteur de la comédie des *Philosophes* se repent aussi d'avoir porté le poignard dans ses blessures ; il a des remords d'avoir imputé des maximes et des vues pernicieuses aux plus honnêtes gens qui soient en France, à des hommes qui n'ont jamais fait le moindre mal à personne, et qui n'en ont jamais dit. En qualité de citoyen, il souhaite que le Dictionnaire encyclopédique se continue..., etc. »

Ce qu'il y a de singulier, c'est que Palissot, dont les sentiments étaient très-éloignés de ceux que lui prêtait Voltaire, n'ait pas protesté directement contre le *repentir* et les *remords* que lui imputait cette note. Il a même publié, en 1760, sa correspondance avec Voltaire, en reproduisant, sans aucune observation, le passage suivant de la lettre à lui adressée, le 12 juillet 1760, et qui contient cette allusion à la note ci-dessus transcrite : « J'ai lu les vers du *Russe* sur les merveilles du siècle. Il y a une note qui vous regarde.

4

événement va porter à ceux qu'il appelle les persécutés. Il écrit d'abord à Madame d'Épinay :

« Je me fais anathême pour l'amour des persécutés; mais il faut qu'ils soient plus adroits qu'ils ne le sont : l'impertinence contre Madame de Robecq, la sottise de lui avoir envoyé la *Vision* (1), la Barbarie de lui avoir appris qu'elle était frappée à mort, sont un coup terrible qu'on a bien de la peine à guérir » (14 juillet 1760).

Dix jours après il écrit à Dalembert :

« Je vous l'ai dit, je vous le répète, six lignes très-imprudentes de la *Vision* ont tout gâté. On en a parlé au Roi; il

---

On dit que vous vous repentez d'avoir assommé ces pauvres philosophes qui ne vous disaient mot. Il est beau et bon de ne point mourir dans l'impénitence finale; pardonnez à ce pauvre *Russe* qui veut absolument que vous ayez tort d'avoir insinué que mes chers philosophes enseignent à voler dans la poche » (OEuvres de Palissot, éd. de 1809, t. 1er, p. 459). — Cette lettre était une réponse de Voltaire à laquelle Palissot ne répliqua pas immédiatement.

Ce fut seulement le 1er décembre de la même année que Palissot, dans une lettre à Voltaire, fit allusion aux plaisanteries de son *Russe* dont il ne tint aucun compte. Cette lettre de Palissot est très-remarquable. Voltaire se tint pour battu. La correspondance entre ces deux personnages ne reprit qu'en 1763.

(1) Une note de M. Clogenson sur cette lettre, et que M. Beuchot a reproduite, affirme que l'envoi de la *Vision* à Madame de Robecq fut une perfidie de Palissot qui la lui fit parvenir comme adressée *de la part de l'auteur*. — C'est une calomnie que rien ne justifie. On doit plutôt croire Voltaire attestant que cet envoi est une sottise du parti, que M. Clogenson affirmant, sans aucune preuve, la prétendue perfidie de Palissot.

était déjà indigné contre la témérité attribuée à Marmontel d'avoir insulté M. le duc d'Aumont. L'outrage fait à Madame la princesse de Robecq a augmenté son indignation, et peut lui faire regarder les gens de lettres comme des hommes sans frein, qui ne respectent aucune bienséance.

Voilà, mon cher ami, l'exacte vérité. Je doute fort que Madame la duchesse de Luxembourg demande la grâce de l'abbé Morellet, lorsque la cendre de sa fille est encore chaude... Cependant il faut tout tenter ; et si Jean-Jacques n'a pu disposer Madame de Luxembourg à parler fortement, j'écrirai fortement, moi chétif ; les petits réussissent quelquefois en donnant de bonnes raisons ; je saurai du moins précisément ce qu'on peut espérer sur l'abbé Morellet ; c'est un devoir de tout homme de lettres de faire ce qu'il pourra pour le servir » (Lettre à Dalembert du 24 juillet 1760) (1).

Ce fut, en réalité, par suite des démarches de J.-J. Rousseau auprès de Madame de Luxembourg, que Mo-

---

(1) Voyez, sur le même sujet : lettre de Voltaire à Madame d'Épinai du 14 juillet 1760 ; lettre à Thiériot du 18 juillet 1760 ; lettre à d'Argental du 25 juillet ; lettre de Dalembert à Voltaire du 18 juillet. On ignore si Voltaire fit effectivement des démarches auprès du duc de Choiseul, comme Dalembert l'en avait instamment prié et comme le Patriarche l'avait promis. Sa correspondance imprimée n'en contient aucune trace. On lit seulement dans une lettre à d'Argental du 25 juillet 1760 : « Un petit mot de l'abbé Morellet. Ne le protégez-vous pas, ne parlez-vous pas pour lui à M. de Choiseul ? » — Dans sa lettre du 3 août, Dalembert écrit à Voltaire que l'abbé est sorti de la Bastille, mais il ne dit pas un mot de la part que Rousseau a pris à cette affaire.

rellet et le libraire Robin sortirent de la Bastille. Il donne à cet égard de longs détails que nous abrégeons :

« A la fin de ce même voyage, Madame de Luxembourg fit une bonne œuvre à laquelle j'eus quelque part. Diderot ayant très-impudemment offensé Madame la princesse de Robecq, fille de M. de Luxembourg (1), Palissot qu'elle protégeait la vengea par la comédie des *Philosophes*, dans laquelle je fus tourné en ridicule (2), et Diderot extrêmement maltraité. L'auteur m'y ménagea davantage, moins, je pense, à cause de l'obligation qu'il m'avait, que de peur de déplaire au père de sa protectrice dont il savait que j'étais aimé. Le libraire Duchesne, qu'alors je ne connaissais point, m'envoya cette pièce quand elle fut imprimée, et je soupçonne que ce fut par l'ordre de Palissot, qui crut peut-être que je verrais avec plaisir déchirer un homme avec lequel j'avais rompu. Il se trompa fort... Mes entrailles s'émurent à la vue de cette odieuse pièce : je n'en pus supporter la lecture et, sans l'achever, je la renvoyai à Duchesne... Diderot, à son tour, trouva un vengeur dans l'abbé Morellet qui fit contre Palissot un écrit imité du Petit Prophète et intitulé *La Vision*. Il offensa très-impudemment dans cet écrit Madame de Robecq, dont les amis le firent mettre à la Bastille : car pour elle, naturellement peu vindicative,

---

(1) Rousseau partage ici l'erreur commune en croyant que Diderot était l'auteur de la préface injurieuse placée en tête de la traduction des deux pièces de Goldoni par Deleyre. On a vu ci-dessus que cette préface est de Grimm.

(2) Palissot a toujours protesté contre cette interprétation.

et pour lors mourante, je suis persuadé qu'elle ne s'en mêla pas.

» Dalembert qui était fort lié avec l'abbé Morellet (1) m'é-crivit pour m'engager à prier Madame de Luxembourg de solliciter sa liberté, lui promettant, en reconnaissance, des louanges dans l'Encyclopédie (2)... Je n'épargnai rien pour exciter le zèle et la commisération de Madame de Luxem-bourg en faveur du pauvre captif, et je réussis. Elle fit un voyage à Versailles, exprès pour voir M. le comte de Saint-Florentin. »

La démarche de Madame de Luxembourg fut cou-ronnée de succès. Elle contribua puissamment à ob-tenir la grâce entière de Morellet que le ministre voulait exiler à Nancy (3). Quelques jours après, Rousseau reçut de Dalembert le billet suivant :

« Grâce à vos soins, mon cher philosophe, l'abbé est sorti de la Bastille, et sa détention n'aura point d'autres suites. Il part pour la campagne et vous fait, ainsi que moi, mille remercîments et compliments » (1er août 1760).

---

(1) C'est une erreur; une lettre de Dalembert à Voltaire, dont nous avons cité un fragment, prouve que Dalembert connaissait à peine l'abbé Morellet.

(2) La réponse de Rousseau à Dalembert se trouve au t. 2 des Confessions, éd. Lefèvre, p. 443 et 444.

(3) Lettre de Madame de Luxembourg à Rousseau (Confessions, loc. cit. p. 443).

Rousseau, qui rapporte ce billet, ajoute ce qui suit :

« L'abbé m'écrivit aussi, quelques jours après, une lettre
de remercîment qui ne me parut pas respirer une certaine
effusion de cœur et dans laquelle il semblait exténuer, en
quelque sorte, le service que je lui avais rendu ; et, à quelque temps de là, je trouvai que Dalembert et lui m'avaient
en quelque sorte, je ne dirai pas supplanté, mais succédé
auprès de Madame de Luxembourg et que j'avais perdu
près d'elle autant qu'ils avaient gagné. »

Revenons à Palissot. Il a publié intégralement, dès
1760, sa correspondance avec Voltaire qui se rapporte
à la comédie des *Philosophes*; mais il ignorait alors
que les lettres qu'il recevait avaient un caractère trai-
treusement diplomatique. Elles passaient, comme nous
l'avons dit, par les mains de d'Argental avant de parvenir à Palissot qui eut l'imprudence de les faire imprimer. C'était ce qu'on voulait (1). Les lettres de

_____

(1) Une lettre de Dalembert à Voltaire, du 5 août 1760, constate
que Palissot s'est *enferré* en publiant des lettres de Voltaire et en
y répondant. Il est certain que ces lettres étaient destinées à être
imprimées et que Voltaire l'eût fait, si l'initiative n'eût été prise par
Palissot. — On lit dans une lettre du Patriarche à Dalembert : « Mons
Palissot dit que je l'approuve ! Qu'on aille chez M. d'Argental ; il
montrera ma lettre à lui adressée en réponse de la comédie d'Aristophane reliée en maroquin du levant. *Je ne puis publier cette lettre
sans la permission de M. d'Argental* » (20 juin 1760). — Trois
jours après, il écrit à d'Argental en lui envoyant la réponse à une

Voltaire à Palissot, soigneusement étudiées, polies, flatteuses même, ne déguisaient pas l'improbation de leur auteur à l'égard des attaques dirigées contre ses amis, et il engageait fortement Palissot à se rétracter,

---

seconde lettre de Palissot : « S'il ne fait pas ce que je lui demande (sa rétractation), *je pense qu'on peut alors rendre ma lettre publique ;* mais ce ne sera pas sans votre consentement » (23 juin 1760).

Le tour qu'on avait voulu jouer à Palissot, en le poussant à publier sa correspondance avec Voltaire, fut diversement apprécié par les parties intéressées. On a vu que Dalembert, tout en disant que Palissot *s'est enferré*, regrette la publication de la troisième lettre. Diderot, qui n'avait pas été consulté, va beaucoup plus loin ; il reproche à Voltaire « la honte de son commerce épistolaire avec Palissot » (Mémoires et correspondance de Diderot, t. 1er, p. 368). Il prétend que c'est pour réparer cette honte que Voltaire publia à Genève, en 1760, le Recueil des facéties Parisiennes (Voyez le détail des pièces qui composent ce Recueil, dans Barbier, n° 15, 589), en apostillant les lettres de Palissot de petites notes très-cruelles (Mémoires et correspondance *loc. cit.*). — La *Vision* fait partie de ce Recueil, mais les deux versets relatifs à Mad. de Robecq ont été supprimés. Diderot prétend que c'est la raison pour laquelle l'édition a été faite (Mém. et corr., *ut suprà*). M. Beuchot (Œuvres de Voltaire, tome 40, p. 152), dit que ce fut l'abbé Morellet qui recueillit ces pièces. Ce qui est certain, c'est qu'elles ont été imprimées à Genève, et que Voltaire écrivit la préface du Recueil des facéties Parisiennes. — L'excellente édition des œuvres de Voltaire, due à M. Beuchot, ne reproduit pas les « petites notes très-cruelles » dont parle Diderot. Elle ne contient pas davantage les lettres de Palissot, quoiqu'on y trouve habituellement celles des correspondants de Voltaire qu'on a pu découvrir. Peut-être l'éditeur a-t-il trouvé que les réponses de Palissot étaient, sur certains points, par trop victorieuses ?

tout en sachant fort bien qu'il ne le ferait pas. En publiant ces lettres, Palissot fit voir qu'il n'avait pas l'approbation de Voltaire dont il s'était vanté ; mais sa vanité ne put tenir contre la tentation de faire part au public des compliments servant de passeport aux amères critiques dont les lettres étaient remplies.

Si l'on veut connaître les véritables sentiments de Voltaire sur la comédie de Palissot, il faut les chercher non pas dans la correspondance échangée avec ce dernier, mais dans les lettres écrites par le *Patriarche* à ses intimes. La comédie des *Philosophes* est, « la bêtise qu'on a jouée à Paris ; j'en lis deux pages, je m'ennuie et je vous écris » (Lettre à Thiériot du 26 mai 1760). Il écrit à d'Argental :

« Je suis mortifié, en qualité de Français, d'homme, d'être pensant, de l'affront public qu'on vient de faire aux mœurs en permettant qu'on dise sur le théâtre des injures atroces à des gens de bien persécutés. A-t-on lâché *un plat Aristophane* contre les Socrates, pour accoutumer le public à leur voir boire la ciguë sans les plaindre ? Est-il possible que Madame de la Marck ait protégé aussi vivement *une si infâme entreprise* » (Lettre du 11 mai 1760). — Et ailleurs : « La pièce de Palissot met le comble à l'ignominie de la France » (Lettre du 25 mai).

Dans sa correspondance, il accole presque toujours les noms de *Polissot* et de *Frelon* (7 et 9 juillet 1760) ; la comédie est la *Polissoterie*. Voltaire apprend que Palissot est abandonné par le duc de Choiseul (Lettre du 20 juin 1790), et c'est probablement ce qui le rend plus hardi. Il écrit à Dalembert :

« Ne croyez pas que le duc de Choiseul vous barre » (Lettre du 9 juillet).

Il lui fait part de ces lignes inexorables qu'il soutient avoir été écrites par Choiseul :

« On peut donner des coups de bâtons à Palissot, je le trouverai fort bon » (Lettre du 24 juillet 1760).

Il écrit à Thiériot :

« La Cour ne se soucie pas plus de Fréron et de Palissot que des chiens qui aboient dans la rue » (Lettre du 9 juillet).

Puis à Duclos :

« Je ne savais pas que l'auteur de Rhadamiste et d'Electre (Crébillon) eût eu l'indignité d'approuver *une pièce qui est la honte de la littérature* » (Lettre du 22 octobre 1760).

Et à Damilaville :

« La comédie des *Philosophes* est *une infâme satire* » Lettre du 3 mars 1761).

Enfin, pour couronner l'œuvre, il écrit à d'Argental les gracieusetés que voici sur le compte de celui qu'il accable de compliments dans ses lettres officielles :

« Je cherche ma dernière lettre à *mon cher* Palissot pour vous l'envoyer... Ce drôle-là ne manque pas d'esprit; il a même quelque talent; mais c'est un *calomniateur* que *mon cher* Palissot, *un misérable,* et j'ai l'honneur de l'en avertir assez gaiement, autant que je peux m'en souvenir. Ma dernière lettre à *ce cher* Palissot, était toute chrétienne » (Lettre du 3 août 1760) (1).

---

(1) Suivant toute vraisemblance, cette lettre *toute chrétienne* est celle du 12 juillet 1760 que la plume se refuse à transcrire.

III

Ce fut lors de la publication de la correspondance de Voltaire dans l'édition de Kehl, en 1785, que Palissot connut toutes les lettres confidentielles du Patriarche si injurieuses pour lui. Il ne savait pas alors ce qu'il apprit depuis, et ce qu'il a révélé lui-même, que Choiseul « fidèle au traité de paix qu'il avait conclu avec les chefs du parti philosophique, avait consenti à sacrifier un auteur qu'il aimait à ce même parti dont il avait redouté les intrigues, au moment où il méditait l'expulsion des Jésuites » (Œuvres de Palissot, éd. de 1809, t. 2, p. 7, *ad notam*). Cette ignorance, où il était, du changement survenu dans les dispositions de Choiseul, fit manquer l'exécution d'un plan très-ingénieux et qui aurait certainement mis les rieurs du côté de celui qui l'avait conçu, s'il avait pu l'exécuter.

Dans la foule des pamphlets qui suivirent la publication des *Philosophes*, Palissot était représenté comme un homme très-méchant. Il eut alors l'idée de composer une comédie intitulée *L'homme dangereux* (1), et de répandre le faux bruit qu'il était vivement affecté de la prochaine représentation de cette pièce où il disait être violemment attaqué. « A cette nouvelle, la joie des Philosophes fut inexprimable. Tous portaient d'avance l'ouvrage aux nues et se félicitaient de sa représentation prochaine. On imagine aisément quelle eût été leur confusion, lorsque l'auteur se serait fait connaître : ce moment allait devenir, pour le public, une comédie plus piquante que la pièce même » (OEuvres, éd. de 1809, t. 2, p. 1re). — Richelieu et l'abbé de Voisenon se prêtèrent à cette supercherie. Richelieu envoya la pièce aux comédiens comme un ouvrage qu'on lui avait adressé de Bordeaux. Mais, aux répétitions, on reconnut la manière de l'auteur aux vers suivants qui sont les meilleurs de la pièce (2) :

---

(1) Ce titre fut remplacé plus tard par celui du *Satirique*. C'est sous cette dénomination que la pièce figure au t. 2 de l'éd. des OEuvres de Palissot publiée en 1809.

(2) Ils ont été cités comme se trouvant dans les *Philosophes*; la vérité est qu'ils se lisent dans l'acte 1er, scène II du *Satirique*, ou *L'homme dangereux*.

ORONTE.

Dorante est philosophe?

VALÈRE.

Il s'en donne le nom,
Comme tous ces Messieurs, qui, fiers de leur raison,
Se croyant appelés à réformer la terre,
A tous les préjugés ont déclaré la guerre.
Petits pédants obscurs, qui pensent à la fois
Éclairer l'univers et régenter les rois;
Fanatiques d'orgueil, dont la folle manie
Est de se croire un droit exclusif au génie;
Flatteurs en affichant le mépris des grandeurs;
De tout ce qu'on révère audacieux frondeurs;
Pleins de crédulité pour des faits ridicules,
Et sur tout autre objet sottement incrédules;
Pensant que rien n'échappe à leurs yeux pénétrants,
Prêchant la tolérance, et très-intolérants;
Qui, sur un tribunal érigé par eux-mêmes,
Jugent tous les talents en arbitres suprêmes;
De quiconque les flatte orgueilleux protecteurs,
De quiconque les brave ardents persécuteurs;
Enfin du monde entier s'arrogeant les hommages,
Pour avoir usurpé la qualité de sages.

L'auteur anonyme s'était dévoilé lui-même; en exprimant trop bien ses propres sentiments et sa situation personnelle à l'égard de ses ennemis. Un comédien divulgua ses soupçons. « Le secret, jusqu'alors si bien gardé, se trouva compromis. Effrayés à la fois du danger qu'ils avaient couru, et du ridicule qui les menaçait, les ennemis se réunirent tous, et la pièce fut défendue le jour même où elle devait être représentée » (OEuvres de Palissot, éd. de 1809, t. 2, p. 5). Palissot attribue, avec raison, cette défense aux manœuvres de ses adversaires qui obtinrent de Choiseul un ordre à Sartines d'empêcher la représentation (*cod.* p. 8, 89 et suiv.). Il ajoute, non peut-être sans fatuité : « La secte représentée par Voltaire, qui n'aurait pas dû se confondre avec sa livrée, comme je lui ai dit à lui-même, et par Brienne, archevêque de Toulouse, qui était aux ordres de Dalembert, traita avec le duc de Choiseul de puissance à puissance ; et le principal article du traité fut que la comédie des *Philosophes*, malgré son brillant succès, et toute la faveur du dauphin, fils de Louis XV, qui aimait l'ouvrage et l'auteur, ne serait pas représentée à la Cour ; qu'elle cesserait même de l'être à Paris et qu'à l'avenir, enfin, le théâtre me serait fermé. » — En conséquence, la comédie du *Satirique* ou de l'*Homme dangereux*, « qui avait pensé être jouée en fraude du traité, parce qu'on la croyait faite contre moi, mais dont je finis par être soupçonné, fut défendue, et l'argent des loges, qui toutes avaient été retenues trois semaines d'avance, fut restitué au public » (Mémoires, éd. de 1809, p. 182).

« Ces anecdotes, ajoute Palissot, peignent l'esprit du

temps et appartiennent à l'histoire. Elles prouvent la prodigieuse influence que s'était acquise, par la faiblesse du gouvernement, une secte audacieuse qu'il eût été facile de contenir par la seule crainte du ridicule, et qui n'a que trop contribué, soit par la licence de ses opinions, soit par le crédit qu'elle avait eu la faiblesse d'usurper, à la chute de ce même Gouvernement » (OEuvres, éd. de 1809, t. 2, p. 8, *ad notam*).

Nous ne pousserons pas plus loin les détails relatifs à cette querelle aujourd'hui couverte du voile de l'oubli. Il nous suffira de dire que Voltaire reprit sa correspondance avec Palissot pour se plaindre de ce qu'il avait imprimé ses lettres sans son consentement. « Ce procédé, dit-il, n'est ni de la philosophie ni du monde » (Lettre du 24 sept. 1760) (1). La correspondance,

---

(1) Voltaire n'est pas de bonne foi en adressant ce reproche à Palissot, puisqu'il se proposait lui-même de publier leur correspondance dans le cas où Palissot ne l'aurait pas fait (Lettre de Voltaire à Dalembert du 20 juin 1760). Cette correspondance a été publiée pour la première fois par ce dernier sous le titre suivant : *Lettre de M. de Voltaire à Palissot, à l'occasion de la comédie des Philosophes;* 1760, in-12 de 68 pages. Les lettres de Voltaire sont celles des 4 et 25 juin et du 12 juillet. Elles se retrouvent, avec les réponses, au t. 1er des OEuvres de Palissot, édition de 1809, p. 425 et suivantes. On y lit, de plus, dans l'édition de 1809, une lettre de Voltaire, du 24 nov. 1760 et la réponse de Palissot, du 1er décembre, dans laquelle ce dernier repousse le reproche d'avoir publié les lettres du *Patriarche* sans son autorisation.

On a imputé à Palissot d'avoir changé le texte de ces lettres

interrompue pendant quelque temps entre Voltaire et
Palissot, fut reprise en 1763. Voltaire aurait voulu ré-
concilier Palissot avec les encyclopédistes (1).

---

dans plusieurs passages, mais M. Beuchot reconnaît lui-même que
« c'est fort peu de chose » (OEuvres de Voltaire, t. 59, p. 42, *ad
notam*). — Les altérations de Palissot ne sont, à vrai dire, que des
erreurs de copiste. C'est ainsi qu'il persiste, en 1809, à donner à la
lettre qui fait l'objet de la présente note, la date du 24 *novembre*
1760, tandis que l'original, qui a été possédé par M. Renouard, porte
la date du 24 *septembre*. Ce qui est plus surprenant, c'est que cette
même lettre ait été publiée par plusieurs éditeurs sous la rubrique
d'*octobre*, sans quantième ni millésime, d'après une copie écrite de la
main du secrétaire de Voltaire. Ici les différences sont tellement consi-
dérables que M. Beuchot a publié les deux versions (n°s 5120 et
5130). Il ne serait pas impossible que Voltaire eût dicté un projet à
Wagnière et qu'il n'ait fait usage que d'une partie de ce qu'il con-
tenait. Nous avons cité certains passages de cette lettre dans le cours
de ce travail; mais nous avons toujours suivi le texte de la lettre
originale que M. Renouard a eue entre les mains.

(1) Ce désir de conciliation, qui paraît avoir été sincère, est
exprimé de nouveau dans une lettre de Voltaire à M. de Fresnoy, du
18 juin 1764. Bien que Palissot n'y soit pas nommé, il est certain que
c'est lui qui s'y trouve désigné comme « un homme de beaucoup
d'esprit et de talent qui est, je crois, actuellement à Nancy. » Palissot, auquel sans doute cette lettre avait été envoyée par M. de
Fresnoy, est le premier qui l'ait publiée dans son édition des OEuvres de Voltaire. Voy. la note de l'éd. Beuchot sur la lettre n° 4135.
— Le 11 août de la même année, il écrivait à Palissot : « Je voudrais
de tout mon cœur vous raccommoder avec certaines personnes; mais
je crois que je n'y parviendrai que quand j'aurai regagné les bonnes
grâces des Fréron et des Pompignan (n° 4185), éd. Beuchot). —
Malgré cette lettre tout aimable, Voltaire écrivait quelques jours

« Je suis bien aise, lui écrivait-il, qu'il n'y ait plus de fiel entre vous et M. de Tressan; et je voudrais que vous pussiez être l'ami de tous les philosophes : car, au bout du compte, puisque vous pensez comme eux sur bien des choses, pourquoi ne pas être uni avec eux? (Lettre du 18 août 1763.)

Palissot n'y consentit pas et continua ses attaques dans la *Dunciade*.

Les débats soulevés par cette nouvelle publication offrent bien peu d'intérêt. On n'y voit figurer que des écrivains de second ordre. Les principaux personnages de la première querelle : Voltaire, Rousseau, Dalembert, dédaignèrent d'y prendre part. Il nous suffira d'indiquer rapidement le but que poursuivait l'auteur des *Philosophes*.

Palissot était trop engagé dans la lutte pour reculer. Quelques années après la représentation des *Philosophes*, il publia la *Dunciade* en 1764. Les neuf éditions successives de ce poëme satirique, et les nombreuses additions de l'auteur, attestent son succès. Quoiqu'on y trouve beaucoup de traits mordants et quelques vers bien frappés, la lecture en est fatigante et monotone. Est-il besoin de dire que c'est, d'un bout à l'autre, une satire contre les philosophes? Cette critique est, toute-

après à Damilaville : « Je n'ai assurément nulle envie de lier aucun commerce avec le calomniateur; j'ai été bien aise seulement de vous informer qu'il commençait à se repentir » (24 août 1764).

fois, entremêlée de l'éloge de Voltaire et d'attaques sanglantes contre Fréron, Chaumeix, Trublet et autres dé-
tracteurs du *Patriarche*. Dix chants sur ce sujet ! C'est
beaucoup trop. Palissot avait envoyé à Voltaire la première édition qui n'en contient que trois. Voltaire le remercia poliment de sa *petite drôlerie* (1). L'auteur y
vit une approbation et un encouragement à allonger son
poëme. Cette inspiration n'était pas heureuse, et le sujet ne comportait pas de semblables développements.
C'est une imitation maladroite de la *Dunciade* de Pope.
Le titre dérive du mot anglais *dunce :* sot, stupide, hé-
bété. C'est donc la critique de la sottise humaine ou la
guerre contre les sots, c'est-à-dire contre les philosophes. On y voit figurer à plusieurs reprises : Thomas,
Lemièrre, Dorat, Marmontel, Piron, La Chaussée, Se-
daine, Beaumarchais, Grimm, Diderot, et la plupart des
écrivains de l'Encyclopédie. Quelqu'opinion qu'on ait
sur la personne de ces écrivains et sur le mérite de
leurs ouvrages, ils n'étaient assurément pas des sots, et
c'est une assez fade et triste plaisanterie que de les représenter comme les prêtres, ou les adorateurs, de la
déesse *stupidité* dont plusieurs finissent par obtenir les
faveurs. Ajoutons encore que ces aménités littéraires
sont égayées par des tableaux érotiques dans un goût

---

(1) Lettre du 4 avril 1764.

qui rappelle un poëme célèbre dont Palissot adopte le rhythme, et l'on aura une idée de cette production. Son principal mérite est une causticité qui se produit sous des formes spirituelles et variées. On n'en connaît plus guère aujourd'hui que le titre, et bien peu de nos contemporains ont eu le courage d'en achever la lecture, à supposer qu'ils eussent eu l'idée de la commencer.

Cependant ce poëme satirique a été, pendant près de quarante ans, acheté et lu par la partie du public dont il flattait les passions ou la curiosité. Les pamphlets, pour ou contre la *Dunciade*, se succédèrent rapidement. Malgré l'insipidité de cette phase de la polémique, il importe de dissiper une erreur dont elle a été la source ainsi que toutes les publications anti-encyclopédiques de Palissot.

On se tromperait gravement si, après avoir lu les *Originaux*, les *Philosophes* et la *Dunciade*, on en concluait que Palissot fut l'ennemi de l'esprit philosophique qui régna despotiquement pendant la plus grande partie du dix-huitième siècle. Il ne combattit que la secte encyclopédique, mais il eut toujours soin d'excepter de ses attaques : Voltaire, Helvétius et le chevalier de Jaucourt. Il n'était pas l'ennemi des philosophes en général, mais de certains philosophes en particulier. Il a dit et répété, à satiété, dans tous ses ouvrages qu'il n'a pas attaqué la Philosophie « mais les singes qui ont l'orgueil de la contrefaire et qui la dénaturent » (Lettre à

Voltaire du 1er déc. 1760), et il y persista jusque vers les dernières années de sa vie, sans qu'on ait jamais voulu croire à sa bonne foi (1). Les assertions de Palissot et l'incrédulité qu'elles rencontrèrent dans le public sont attestées par deux lettres écrites à plus de trente ans de distance (1767–1798). Ces deux lettres résument fidèlement le caractère et les intentions de Palissot dans une querelle qui a soulevé tant de passions. La plus ancienne est une réponse à Voltaire, en mars 1767. Elle a été imprimée au tome 3 des OEuvres de Palissot, éd. de 1809, p. 346 et suiv. La seconde fut adressée en 1798 (18 frim. an VI) à la classe de littérature et des beaux arts de l'Institut à laquelle Palissot venait d'être associé.

La lettre à Voltaire est sans date, mais elle répond à une autre du 13 fév. 1767, dans laquelle le *Patriarche* disait à Palissot :

« Quel dommage qu'un homme qui pense et écrit si bien, se soit fait des ennemis irréconciliables de gens d'un extrême mérite, qui pensent et qui écrivent comme lui... Ah ! Monsieur, c'était contre les persécuteurs des gens de lettres que vous deviez vous élever, et non contre les gens de lettres persécutés. — Pardonnez-moi, je vous prie, une sensibilité qui ne s'est jamais démentie ; votre lettre, en touchant mon

(1) Les idées philosophiques de Palissot ne se modifièrent que dans l'extrême vieillesse, et peu de temps avant sa mort.

cœur, a renouvelé ma plaie, et, quand je vous écris, c'est toujours avec autant d'estime que de douleur. »

La réponse de Palissot résume ses véritables sentiments et explique toute sa conduite. Voltaire n'y répliqua qu'en donnant une liste des philosophes qu'il prétendait avoir été persécutés (lettre du 16 mars 1760). Ce n'était pas répondre, mais détourner la question et montrer qu'il ne voulait plus d'explications sur ce sujet. Voici la lettre de Palissot :

« Ne me plaignez pas tant; Monsieur, je n'ai pas, à beaucoup près, outragé tous les saints de votre calendrier; je n'ai jamais médit ni des Homère, ni des Virgile, ni des Cicéron, ni des Sophocle. Si j'ai marqué un peu moins de respect pour des modernes, j'ai cependant loué, en mille endroits, et le philosophe de Montbar, et M. de Montesquieu, et M. Dalembert lui-même (1). Voilà, Monsieur, ceux que j'ai pu

---

(1) Palissot aurait pu ajouter ici que Voltaire l'avait complimenté d'avoir attaqué, dans la *Dunciade*, Fréron et Crévier. « Tous les gens de bien, lui écrivait-il, vous auraient embrassé si vous n'aviez frappé que de telle canaille. Je ne sais pas comment vous vous tirerez de tout cela, car vous voilà brouillé avec les philosophes et les anti-philosophes. J'ai toujours rendu justice à vos talents ; j'ai toujours souhaité que vous ne prissiez les armes que contre vos ennemis; mais je vous remercie de tout mon cœur des ailes à l'envers que vous avez données à Martin Fréron [dans le 5e chant, aujourd'hui le 9e de la *Dunciade*] (Lettre de Voltaire à Palissot... juillet 1764).

croire vos amis, et quelques-uns d'eux auraient été vos rivaux, si vous pouviez en avoir.

« Mais quand je n'aurais fait que témoigner mon tendre attachement pour vous, c'en était assez pour que je ne dusse jamais être suspect d'avoir voulu faire ma cour aux fanatiques. Or, c'est ce que j'ai fait dans tous les temps, et même lorsque parut cette comédie que vous me reprochez toujours et que je ne me reprocherai jamais.

» La faveur publique, dites-vous, est pour ceux qui se défendent, et non pour celui qui attaque de gaîté de cœur. J'adopte ce principe, Monsieur, et c'est précisément ce qui devait vous engager à vous déclarer pour moi. On m'avait suscité une persécution sérieuse pour quelques plaisanteries innocentes que je m'étais permises sur le fameux citoyen de Genève, dans une comédie représentée devant le Roi de Pologne. Ceux qui, aujourd'hui, croient avoir le plus de raison de se déchaîner contre M. Rousseau, étaient alors ses enthousiastes et ses vengeurs. Je n'avais pas encore vingt-quatre ans; j'aurais pu, sans conséquence, ne répéter que l'esprit des autres, et ce sont les autres qui ont répété mon esprit. Ils ont même été beaucoup plus loin que moi, car du moins je respectai toujours les mœurs et les rares talents de M. Rousseau.

« Quoi qu'il en soit, M. le comte de Tressan (qui m'en a depuis témoigné son repentir) et quelques philosophes que vous connaissez, se rendirent mes délateurs auprès du Roi de Pologne, et me représentèrent charitablement à ce prince comme un homme à punir. On lui demandait que, pour le moins, je fusse exclus, par un jugement public, d'une Académie à laquelle il m'avait fait l'honneur de m'appeler. Il est donc évident, Monsieur, que je n'ai fait que me défendre contre des gens qui m'avaient attaqué de gaîté de cœur, et seulement pour venger l'amour-propre d'un philosophe qu'ils outragent aujourd'hui avec indécence : vous ne deviez donc pas tendre les bras à mes ennemis, vous, Monsieur, qui êtes l'ennemi des persécuteurs !

» Est-ce à vos yeux un crime si capital en littérature, que de n'admirer ni MM. Diderot, Marmontel, Duclos, ni quelques autres ? Vous me dites, Monsieur, qu'ils sont vos amis, et à ce titre je les considère comme je le dois. Mais n'avais-je pas lieu de me croire aussi de vos amis ? Vous ont-ils donné, plus que moi, des marques de leur attachement ? Ont-ils paru même ressentir, autant que moi, la vénération qui vous est due ? Voulez-vous donc vérifier ce que dit un homme du monde, un homme de beaucoup d'esprit, en lisant la première lettre que vous me fîtes l'honneur de m'écrire à l'occasion de mes *Philosophes ?* « M. de Voltaire, me dit-il, ne vous pardonnera jamais d'avoir battu sa livrée. »

» Peut-être, Monsieur, la préface qui parut d'abord avec ma comédie fut-elle en effet un peu trop vive (1). J'étais alors étourdi du bruit qui se faisait autour de moi, et des libelles calomnieux que de soi-disant philosophes répandaient partout contre un homme qu'ils ne connaissaient pas. Mais enfin cette préface n'existe plus ; et l'avoir supprimée du recueil de mes œuvres c'est l'avoir désavouée (2). Ne vous

---

(1) Outre cette vivacité, on reprochait à Palissot d'avoir tronqué, ou faussement attribué aux écrivains de l'Encyclopédie, certaines citations de cette préface. C'était principalement sur cette préface qu'avaient porté les critiques de Voltaire.

(2) Palissot l'a rétabli dans l'édition de 1809, mais à titre de document historique, et en l'accompagnant d'une note par laquelle il expliquait que, sur l'exemplaire envoyé à Voltaire, les erreurs avaient été rectifiées de sa propre main.

est-il jamais arrivé à vous-même, Monsieur, d'être entraîné par les circonstances plus loin que vous ne l'auriez voulu ? c'est précisément le cas où je me trouvai. Mais pourquoi me forcer sans cesse à vous répéter ce que vous savez aussi bien que moi ? Ah ! Monsieur, ce n'est pas là comme je voudrais m'entretenir avec vous ! Voulez-vous cependant que je n'aye pas raison ? Je vous promets que cette explication sera la dernière.

» Je sais que mes ennemis ne me pardonneront jamais; vous me l'avez assez répété; mais ils étaient mes ennemis avant cette époque; ils le seront encore après, il faut bien que je m'en console. Actuellement, du moins, les motifs de leur inimitié sont connus, et leur haine déclarée est moins dangereuse que lorsqu'elle était couverte.

» Je ne serai point de l'Académie française, je le crois; mais si je mérite d'en être, c'est tant pis pour elle; et les regrets obligeants que vous voulez bien me témoigner sur cette petite disgrâce, sont plus que suffisants pour m'en consoler. Il est certain, Monsieur, que j'aurais pu être tenté de l'honneur d'être votre confrère, quand j'aurais dû n'en jouir qu'un moment; mais en perdant cet avantage, ne gagnerai-je pas quelque chose à n'être point le confrère de l'abbé Trublet? Vous voyez que tout est compensé dans ce monde.

» D'ailleurs, Monsieur, qui sait ce qui peut arriver encore ? Je suis assez jeune pour espérer de voir passer la génération présente, et j'aurai peut-être quelqu'influence sur la façon de penser de celle qui la suivra. Vous l'avez dit quelque part : le temps est le dieu qui console; il amène des changements auxquels on n'aurait jamais pensé. Je serai très-content de lui, pourvu qu'il n'en apporte aucun dans votre cœur à mon égard.

» Je vous avoue que j'aurais désiré que M. de Voltaire se

crût, comme il l'est en effet, supérieur à tous les partis;
qu'il eût répondu plus ouvertement à la franchise et à la con-
fiance d'un homme qui avait peut-être plus de droits que
beaucoup d'autres à un tendre retour de sa part. Vous avez
eu de grands ménagements, Monsieur, pour des gens qui
vous prouveront un jour qu'ils vous étaient beaucoup moins
attachés que moi. Vous avez eu plus de raison que vous ne
pensiez de me dire, en parlant de la *Dunciade*, que vous ne
connaissiez pas les masques (1). Pour moi,

J'ai trop, à mes périls, appris à les connaître.

» Au reste, plus on m'accusera, comme Boileau, d'avoir mis
à tout blâmer mon étude et ma gloire, plus mon admiration
pour vous aura peut-être de poids dans l'avenir. »

Cette lettre est surtout remarquable, parce qu'elle
est sans passion et parce qu'elle est vraie. Il semble
que, dans sa dernière partie, Palissot ait eu le don de
prophétie. Il est certain qu'il n'a fait que devancer le
jugement de la postérité sur l'école de l'Encyclopédie.
Quels sont aujourd'hui les lecteurs de cet ouvrage trop
fameux ? Quels sont ceux des livres de Dalembert, de
Diderot, d'Helvétius, de d'Holbach ? Palissot a eu le mérite de signaler à ses contemporains tout ce qu'il y a de
creux, de faux, de dangereux dans ces livres alors por-
tés si haut. On ne secoue plus la poussière qui les cou-

---

(1) « J'ai le bonheur de ne connaître aucun des masques dont
vous parlez dans votre poëme » (Lettre du 4 avril 1764).

vre, car, à défaut du fond, ils n'ont pas même pour eux le prestige de la forme. On ne les lit plus, et, dans tous les cas, personne, aujourd'hui, n'est persécuté pour dire sa façon de penser sur les philosophes du dernier siècle. Tout le tort de Palissot est d'avoir eu raison cent ans trop tôt, et de dire au dix-huitième siècle ce qu'on pense au dix-neuvième.

La lettre écrite par Palissot aux membres de l'Institut, plus de trente ans après la précédente, témoigne que le temps n'avait pas modifié, d'une manière sensible, la manière de voir de l'auteur des *Philosophes*. Elle n'a pas été imprimée dans ses œuvres; nous avons entre les mains l'original de cette pièce inédite :

Paris, 18 frimaire, an 6.

Charles Palissot, associé à la classe de littérature et des beaux arts de l'Institut national,

Aux Citoyens composant ladite classe.

Citoyens Collègues,

« Honoré déjà du choix de l'Institut national qui a bien voulu m'admettre au nombre de ses membres non résidans, lorsque des circonstances malheureuses me forcèrent de quitter Paris, j'ose vous présenter la réfutation d'une ancienne calomnie qui vient de se reproduire avec audace, au moment où j'aspire à m'attacher à vous par des liens plus intimes.

» Le hasard fait tomber entre mes mains une feuille datée du 13 de ce mois, dans laquelle je lis avec surprise cette

accusation mêlée à de perfides éloges : je les transcris avec
non moins de répugnance que l'injure :

Car je n'ai mérité
Ni cet excès d'honneur, ni cette indignité.

« Palissot, dit l'auteur de cette feuille, est un homme de
» goût, un écrivain pur, correct, élégant; mais il fut l'en-
» nemi des Philosophes. On sait le bruit que fit sa fameuse
» comédie où il tournait en ridicule J.-J. Rousseau. — Sa
» *Dunciade* et ses *Mémoires littéraires* offrent le même
» esprit de haine contre les écrivains à qui notre siècle doit
» ses lumières. » En un mot il m'accuse de fanatisme anti-
philosophique ; mais il ajoute cependant *qu'il paraît* que je
me suis converti.

» J'ait fait, je l'avoue, contre quelques soi-disant philosophes, cette comédie si longtemps et si injustement calomniée.
Les calomniateurs étaient un Suard, un abbé Morellet, un
La Harpe, et quelques autres qui depuis... Mais alors ils
avaient pris les livrées de la philosophie. Apparemment ces
Messieurs crurent se reconnaître : on peut juger maintenant
si leur portrait était infidèle, et si c'était attaquer la philosophie
que de démasquer de pareils philosophes. Le but de la pièce
est clairement indiqué dès la première ligne de la préface où
je fais cette profession de foi : « La vraie philosophie ne peut
avoir d'ennemis qu'aux petites-maisons. » Il l'est, non moins
clairement dans la pièce même, par ces vers que je ne cite
qu'avec le regret d'être obligé de me citer moi-même :

Mais quels sont donc enfin ces rares avantages
Attachés, dites-vous, au commerce des sages?
Je ne prends pas pour tels un tas de charlatans
Qu'on voit, sur des tréteaux, ameuter les passants ;

Qui mettent une enseigne à leur philosophie :
De ce vain appareil ma raison se défie
Il peut en imposer au vulgaire séduit :
Moi je suis de ces gens qui font peu cas du bruit ;
Et je distingue fort l'ami de la sagesse
Du pédant qui s'enroue à la prêcher sans cesse.

» Peut-être était-il difficile de tracer d'une main plus juste la ligne de démarcation qui doit séparer à jamais les vrais philosophes de ceux qui osent usurper ce nom respectable.

» Mais je veux que poussé trop loin, ou par l'effervescence de la jeunesse, ou par le ressentiment de quelques injures personnelles, j'aie pu me tromper en mettant dans la classe des charlatans de philosophie, quelques hommes que j'aurais eu le malheur de juger trop défavorablement. Eh bien, l'erreur que j'aurais commise sur ces individus, quelque respectables qu'on voulût les supposer, ne serait pas une preuve de haine pour la philosophie. Ce pourrait être aux yeux de la postérité une injustice qu'elle aurait à me reprocher ; mais elle n'y verrait qu'une erreur, et nullement le fanatisme anti-philosophique dont on m'accuse.

» Quant à l'illustre Rousseau, je suis las de me défendre d'une injure que ses ennemis seuls ont osé lui faire, et je ne m'abaisserai point à prouver, non-seulement que mon intention n'a jamais été de le peindre sous le personnage ridicule d'un valet de comédie ; mais que la nation n'eût jamais pardonné cette extravagance. Le public ne vit dans Crispin que Crispin, c'est-à-dire un valet balourd qui s'efforce de parodier son maître, assez gaîment peut-être pour exciter le rire, mais toujours en singe qui contrefait l'homme. Les éloges que j'ai constamment donnés à Rousseau, dans plu-

sieurs endroits de mes ouvrages; son article dans mes Mémoires littéraires, article que je n'aurais point adopté s'il
n'eût été conforme à l'opinion que j'ai toujours eue de ses
rares talents; enfin son parti que je pris ouvertement, lorsqu'il fut persécuté par le fanatisme ou par la haine, ne peuvent laisser aucun doute sur mes sentiments à son égard.
Eh! qui, plus que moi, devait se réunir à cet homme célèbre? Si je m'étais permis de m'égayer, dans une pièce de
théâtre, aux dépens de quelques imposteurs de philosophie,
lui, qui les connaissait encore mieux que moi, n'avait jamais
cessé de les foudroyer de son éloquence; et, dans la préface
même de ma comédie, on peut voir combien je m'appuie de
son autorité.

» Si l'on en croit mon détracteur, la *Dunciade* et mes
Mémoires sur la littérature sont infectés de ma haine pour
la philosophie. Qu'il avoue plutôt (car il m'est trop aisé de
le confondre) qu'il n'a jugé de ces ouvrages que par parole,
et sans les avoir jamais lus. Il eût trouvé dans ces Mémoires
qu'il calomnie, les noms de Montaigne, de Charron, de le
Vayer, de Descartes, de Bayle, de Voltaire, de Montesquieu,
de Buffon, d'Helvétius, de Rousseau lui-même, honorés
comme ils le méritent, et partout ceux des anti-philosophes
livrés au plus profond mépris. Il eût trouvé dans la Dunciade
un chant entier (celui de la *Vision*) rempli de la plus pure
philosophie. Il eût trouvé cet éloge de celui de nos philosophes qui a le plus contribué à éclairer le monde :

O de Ferney sublime solitaire,
Honneur des Arts, Virgile des Français,
C'est toi, surtout, à qui je voudrais plaire !
Tu le sais bien ; ton suffrage, ô Voltaire !
Dans tous les temps fut mon plus beau succès, etc.

» Ce nom seul de Voltaire, si fréquemment répété dans mes écrits, et toujours avec admiration, ce nom que j'ai révéré dès mon enfance, et dont la gloire occupe encore mes dernières années, ne devrait-il donc pas me faire trouver grâce aux yeux de tous ces prétendus vengeurs de la philosophie? Ignorent-ils que je viens de publier une édition complète des œuvres du grand homme, avec des commentaires qui respirent, à chaque page, mon respect pour sa mémoire, ma haine pour les fanatiques qui l'ont persécuté jusqu'au tombeau, et mon amour pour ma patrie qui, dès l'instant qu'elle fut libre, a vengé par un apothéose sa cendre indignement profanée? Ignorent-ils que l'Institut national a bien voulu agréer l'hommage des trente-cinq premiers volumes de cette édition.

» Il est vrai que mon détracteur paraît avancer que je me suis converti : mais loin de moi ce perfide aveu. Non je n'ai jamais changé de pavillon, comme l'ont fait, parmi les prétendus philosophes, les La Harpe et les Marmontel. Je donnai, presqu'au sortir de l'enfance, et à l'époque où dominaient encore tous les préjugés, une histoire des premiers siècles de Rome qui portait déjà l'empreinte de la vraie philosophie. Elle est surtout très-remarquable dans la vie de Numa, et dans un éloge de Brutus qu'on ne devait attendre ni de mon âge, ni du temps où j'écrivais.

» Loin d'être l'ennemi de ceux à qui la France doit des lumières, on sait assez la tendre amitié qui me lie, depuis plusieurs années, à quelques-uns de nos littérateurs les plus célèbres. J'en appelle au témoignage de Chénier, dont j'ai guidé les premiers pas dans sa brillante carrière; à celui de François de Neufchâteau, l'un de mes plus chers élèves; et qui, lui-même, m'en a donné cette preuve honorable que je ne cite que parce qu'elle fait l'éloge de son cœur :

« Palissot, dit-il dans un poëme qu'il a consacré à la gloire
» de sa patrie, est né à Nancy. Il accueillit avec le plus
» tendre intérêt les essais de mon enfance, et c'est un de
» ceux dont l'amitié constante m'a le plus encouragé. J'aime
» à citer ces deux hommes supérieurs (Palissot et Cerutti)
» parce qu'ils sont restés fidèles au parti de la liberté, et
» qu'un jour ce sera pour eux un éloge de plus. »

» N'ai-je pas annoncé, le premier, dans ces *Mémoires littéraires*, que mon détracteur n'a pas lus, et le talent distin-
gué de Collin d'Harleville, et les heureuses dispositions que
commençait à montrer le jeune Andrieux, son ami? Exemple
d'autant plus rare, parmi les gens de lettres, que tous deux
étaient mes rivaux dans l'art de la comédie.

» Quels éloges répétés n'ai-je pas donnés, dans ces mêmes
Mémoires, au Poëte de la liberté, au seul émule que Pin-
dare ait eu dans l'Ode, à ce Le Brun, dont j'ai révélé la
gloire à la patrie, tandis qu'injuste envers lui-même, il
semblait se cacher à la renommée!

» N'ai-je pas enfin publié, dès les premières années de la
Révolution, des *Questions sur les opinions religieuses*, dont
on prépare actuellement la troisième édition, qui ont été
traduites en plusieurs langues, et qui suffiraient seules pour
couvrir de confusion ceux qui m'accusent de fanatisme anti-
philosophique?

» Peut-être ai-je encore servi ailleurs, et plus utilement,
la cause de la liberté, en exerçant des fonctions administra-
tives : mais ce que je pardonnerai plus difficilement à mon
détracteur, c'est de m'avoir réduit à la triste nécessité de
faire cette dernière apologie et de parler si longtemps de
moi-même. Mais, Citoyens Collègues, c'est principalement
le choix dont vous m'avez honoré, en m'associant à vous,

que j'ai cru devoir défendre. Pardonnez-moi les moments
que j'ai pu vous dérober, j'ose attendre de vous cette nouvelle marque de bienveillance. »

Salut et fraternité.

PALISSOT.

Cette lettre est bien, sur plusieurs points, l'expres-
sion sincère des véritables sentiments de son auteur.
Ainsi il proteste de nouveau (1), et avec raison, contre
l'intention qu'on lui a attribuée d'avoir voulu représenter Rousseau, dans la comédie des *Philosophes*, sous la
figure d'un valet marchant à quatre pattes et mangeant
de la salade; il prouve qu'il n'a jamais cessé d'être l'un
des admirateurs de Voltaire dont il a publié les œuvres.
Il va même, dans cette lettre, jusqu'à reconnaître qu'il
a pu être entraîné par l'effervescence de la jeunesse,
ou par le ressentiment de quelques injures personnelles,
à mettre dans la classe des « charlatans de philosophie » quelques hommes qu'il a eu le malheur de juger
défavorablement. Il semble disposé, dans ce passage,
à accorder la rétractation que Voltaire avait deman-
dée et que Palissot lui a toujours refusée. C'est une
sorte d'amende honorable des attaques contenues dans
les *Originaux*, les *Philosophes* et la *Dunciade*. Ici

---

(1) Voyez le passage précédemment rapporté des Mémoires sur la
littérature de Palissot.

le doute sur la parfaite sincérité de Palissot est permis (1). Il entrait alors dans son plan de flatter les débris et les héritiers de l'ancien parti encyclopédique qui composaient la majorité de l'Institut. Par contre, il tombe à bras raccourci sur ceux qu'il appelle ses calomniateurs : Morellet, Suard, La Harpe, Marmontel dont plusieurs avaient eu le courage d'arborer à l'Institut le drapeau de la réaction contre les idées et les doctrines philosophiques. Cette tactique ne réussit pas à Palissot qui fut également repoussé par les deux partis. S'il parvint à se faire des amis individuels, comme M.-J. Chenier, François de Neufchâteau et, plus tard, Collin d'Harleville et Andrieux, ces amis ne purent vaincre la répugnance de ceux dont les maîtres avaient été attaqués par Palissot. D'un autre côté, ses ennemis déclarés : Suard, La Harpe, Marmontel, Morellet parvinrent toujours à l'écarter.

Cependant un juge très-compétent, M. de Feletz, qui a écrit l'article sur Palissot dans la Biographie universelle, déclare qu'il était, au point de vue littéraire, parfaitement digne d'entrer à l'Académie Française. « Il est, dit-il, toujours pur, correct, naturel et facile; il appartient à la bonne école et ne se laisse jamais per-

---

(1) Trois éditions de la *Dunciade*, publiées depuis la lettre aux membres de l'Institut, prouvent que Palissot n'avait pas renoncé à ses anciennes idées.

vertir par les mauvaises doctrines et les mauvais exemples. Ces qualités en auraient fait un très-bon académicien ; cependant il ne le fut point. Les ennemis implacables
qu'il s'était attirés, par ses irrévérences envers les
Philosophes, l'en écartèrent toujours. » Tel était aussi
l'avis de Voltaire qui écrivait à Palissot le 13 février
1767 :

« Si vous aviez tourné vos talents d'un autre côté, j'aurais
eu le plaisir de vous avoir, avant ma mort, pour confrère
à l'Académie française. »

Palissot lui-même vit bien que sa candidature serait
repoussée. Trop de bruit s'était fait autour de son nom
pour que le parti encyclopédique pût consentir à lui
pardonner. Voltaire lui avait prédit, dès 1767, qu'il en
serait ainsi :

« Vous vous repentirez de vous être fait, sans raison, des
ennemis qui ne vous pardonneront jamais » (Lettre à Palissot
du 13 février 1767).

Malgré toutes ses protestations, il ne put obtenir le
diplôme de philosophe, et les ennemis du parti encyclopédique l'ont souvent compté au nombre de leurs
auxiliaires.

Il le fut, sans doute, mais à sa manière et dans la
mesure des forces de son esprit. En réalité, il était
voltairien ; mais il combattit les amis et les disciples de

Voltaire. Cette contradiction dura près d'un demi-siècle; sous le Directoire et sous le Consulat, le voltairien Palissot n'avait pu se soustraire aux haines excitées contre lui par les comédies jouées à Nancy, en 1755 et à Paris en 1760.

Cette haine de ses ennemis, si forte et si persistante, eut pour effet d'induire en erreur quelques esprits superficiels. Aujourd'hui même encore, il y a des gens qui seraient tentés de le placer à côté d'un autre Lorrain, brillant et trop rapide météore, qui fut aussi un poëte satirique, mais bien autrement puissant que Palissot. Comme lui, Gilbert a combattu les philosophes; mais il n'a pas, comme lui, brûlé d'encens devant le dieu Voltaire. Un caprice de jeune homme, une boutade accidentelle lancèrent Palissot dans la voie qu'il suivit, tandis que Gilbert entra dans la sienne avec une conviction réfléchie, ardente et qui ne se démentit jamais pendant le cours de sa trop courte existence. Gilbert était soutenu par des croyances qui n'étaient pas celles de Palissot. Ce ne fut que très-tardivement, et dans les dernières années de sa vie, que la lumière se fit dans l'esprit de l'éditeur des œuvres de Voltaire et qu'il arriva au point d'où Gilbert était parti. « Il avait plus de quatre-vingt deux ans, dit son biographe, M. de Feletz, lorsque son esprit se tourna vers des réflexions sérieuses et graves qui fixèrent enfin ses irrésolutions et ses incertitudes sur

un point important, et il mourut avec de grands sentiments de religion, le 15 juin 1814, ans sa quatre-vingt
cinquième année. »

Tel fut Palissot : littérateur facile, élégant, correct,
plein de goût; mais qui ne fut pas un poëte dans la
véritable acception du mot. Le feu du génie lui man-
quait. Ses compositions théâtrales, quoique toujours
bien versifiées, sont peu lues aujourd'hui. L'intrigue en
est faible, surtout dans les tragédies qui ne sont pas
au-dessus d'une foule d'essais malheureux du même
genre. Les comédies sont meilleures; elles pétillent de
sel attique, mais l'intrigue fait toujours défaut. En
somme, il ne restera de lui que ses travaux de critique
littéraire, et quelques articles de ses Mémoires sur la
littérature. C'est principalement comme critique littéraire que Palissot a marqué sa place parmi les gens de
lettres. Souvent il y excelle, alors surtout que la passion ne l'aveugle pas. A ce point de vue, il a été très-
justement apprécié par M.-J. Chenier dans un passage
que nous reproduisons. Il y a trouvé l'occasion de donner
une idée très-exacte du caractère de Palissot :

« S'il existe un commentaire au-dessus de toute com-
paraison, c'est assurément celui que Voltaire nous a
donné sur Corneille. Là, presque toujours, les critiques
sont des traits de lumière; là, souvent, une phrase ren-
ferme une théorie complète et quelquefois une théorie
nouvelle. Mais, si le père de notre théâtre ne fut jamais

loué plus dignement et de plus haut, il faut néanmoins le dire, on aperçoit de temps en temps une extrême rigueur de la censure, de la dureté dans les formes; on entrevoit même dans le fond de la doctrine quelques erreurs mêlées aux leçons d'un maître : C'est ce qui a frappé M. Palissot, juge éclairé en matière de littérature. Il a publié une édition de Corneille, enrichie de notes judicieuses qui modifient les décisions ou les expressions trop sévères du commentateur. Plus d'une fois Voltaire y répond à Voltaire, et l'on y oppose à son autorité les principes qu'il a professés lui-même, ou qu'il a suivis dans ses chefs-d'œuvre. On voit que l'éditeur n'a rien de commun avec les ennemis de ce grand homme : Nous devons même à M. Palissot une édition de Voltaire... elle est surtout remarquable par d'excellents discours placés à la tête des principaux ouvrages. On a vu reparaître encore, avec beaucoup d'additions et de changements, une des plus importantes productions de M. Palissot, ses Mémoires pour servir à l'histoire de notre littérature. Dans ces Mémoires, très-bien écrits, les talents qui ont illustré le règne de Louis XIV sont appréciés avec autant d'impartialité que de justesse : l'éloge toutefois n'est pas le partage exclusif des morts. Bien différent en cela d'un autre critique non moins célèbre (La Harpe) l'auteur exerce une équitable bienveillance envers plusieurs de ses contemporains; mais, entraîné dès sa jeunesse dans une de ces guerres de plume qui ont trop souvent affligé la littérature, il y déploya beaucoup de talent, trop peut-être, car il en perpétua le souvenir, et l'ascendant d'une première démarche a quelquefois déterminé ses jugements, comme il a influé sur sa destinée. Il n'est pas de ceux qui repoussent indistinctement tous les propagateurs de la philosophie moderne : on a vu quel respect il a pour Voltaire. Nul n'a rendu plus d'hommages au laborieux, modeste et vertueux Bayle; nul n'a plus vanté Montesquieu et J.-J. Rousseau lui-même, ce qui paraîtra singulier, mais ce qui est toutefois rigoureusement vrai; nul enfin n'a loué de meilleure foi Freret, Duclos, Dumarsais, Condillac. Nous voudrions pouvoir ajouter quelques autres talents de la même trempe et que l'on distinguera d'autant mieux que nous évitons de les nommer. On peut donc reprocher à M. Palissot de la partialité, tranchons le mot, de l'injustice à l'égard de trois ou quatre écrivains illustres et dont il eût mérité d'être l'ami; mais aucun homme sincère, judicieux ne lui contestera la pureté du goût, l'élégance continue du style, le don très-rare de bien écrire en prose et en vers, d'exceller surtout dans le vers de la comédie, et l'honneur d'avoir dès longtemps marqué sa place entre nos premiers littérateurs » (Tableau historique de la littérature française, éd. de 1816, p. 88 et 89).

Rien de plus vrai que ce tableau qui fut, en quelque sorte, l'oraison funèbre de Palissot, quoiqu'écrit pen-

, dant sa vie. Cet écrivain est un de ceux dont on a le plus parlé de son vivant et qu'on lit le moins après sa mort. Cependant son nom et ses ouvrages se rattachent à l'un des points les plus curieux de l'histoire littéraire du dix-huitième siècle. Les faits qui se rapportent à cette époque ont été quelquefois dénaturés. Notre seul but, en les retraçant exactement, est de les placer sous leur jour véritable, en montrant quelle fut la puissance d'un parti dominateur qui pesait tellement sur l'opinion que le souverain de la Lorraine s'inclinait devant lui, et qu'un ministre du roi de France en subissait lui-même l'influence.

Qu'il nous soit permis de terminer par une dernière réflexion. Rien n'est indifférent dans l'histoire. Etudions là sous toutes les faces : l'histoire littéraire, aussi bien que l'histoire politique; il y a souvent entre l'un et l'autre plus d'un point de contact. Ne craignons pas d'entrer dans les détails, et surtout soyons vrais ; c'est le moyen d'être intéressants. Cherchons toujours la vérité vraie et non pas cette vérité de convention, souvent si trompeuse, qui s'arrête aux apparences sans pénétrer jusqu'au fond des événements. Interrogeons les personnages pour découvrir les secrets mobiles de leurs actions. Si l'on doit des égards aux vivants, on ne doit aux morts que la vérité. Après un siècle, le temps est passé des apologies quand même, des réticences, des voiles jetés sur les choses et sur les hommes. Restituons aux unes et aux autres leur véritable physionomie; ne soyons plus simples spectateurs, comme les contemporains devant lesquels les acteurs du drame de la vie cherchaient à entretenir l'illusion par le prestige de la mise en scène. Pénétrons sur le théâtre, et montrons, s'il se peut, ce qui s'est passé à l'envers du rideau. C'est ce que nous avons essayé de faire en disant la vérité sur Palissot et sur les philosophes.

www.ingramcontent.com/pod-product-compliance
Lightning Source LLC
LaVergne TN
LVHW050647090426
835512LV00007B/1066